Eduard Winkelmann

Die Capitulationen der estländischen Ritterschaft und der Stadt Reval vom Jahre 1710

Nebst deren Confirmationen

Eduard Winkelmann

Die Capitulationen der estländischen Ritterschaft und der Stadt Reval vom Jahre 1710
Nebst deren Confirmationen

ISBN/EAN: 9783744623247

Hergestellt in Europa, USA, Kanada, Australien, Japan

Cover: Foto ©Suzi / pixelio.de

Weitere Bücher finden Sie auf **www.hansebooks.com**

Die

Capitulationen

der

estländischen Ritterschaft

und

der Stadt Reval

vom Jahre 1710

nebst deren Confirmationen.

Nach den Originalen

mit andern dazu gehörigen Documenten

und der Capitulation von Pernau

herausgegeben

von

Eduard Winkelmann.

Reval, 1865.

Verlag von Franz Kluge.

Erste Abtheilung*).

*) Zur Erleichterung des Lesers hat der Herausgeber bei den Documenten der schwedischen Zeit die Regel befolgt, dass die Interpunction möglichst dem heutigen Gebrauche angepasst und grosse Buchstaben nur am Anfange der Sätze und bei Eigennamen angewandt wurden. Auch die zur bequemeren Uebersicht eingeführte Eintheilung in Absätze und Paragraphen ist den Originalen fremd. Im Uebrigen sind hier alle Eigenthümlichkeiten der alten Schreibweise gewahrt worden; in den Documenten der russischen Zeit aber ist dies auch in jenen Beziehungen geschehen, so dass der Abdruck das Original vollständig wiedergiebt.

1

Reversale

der schwedischen Bevollmächtigten, ausgestellt für die
Ritterschaft, vom 4. Juni 1561.

Das im Ritterschaftsarchive zu Reval befindliche Original auf Pergament mit drei herabhängenden Siegeln war mir nicht zugänglich.
Ich gebe daher das Document nur nach einer Abschrift im: „Estho-
niae Nobilitatis Corpus Privilegiorum genannt: das braune Buch"
S. 261—272, fol. und nach dem von Paucker im Inlande 1840 № 38
nach einer Abschrift Gustavs von Lohden gelieferten Drucke.

Wyr hiernach geschriebene des durchlauchtigsten hochgebohrnen
groszmächtigen fürsten und herrn, herrn Erichs des vierzehenden
zu Schweden, der Gothen und Wenden königs, unsere gnädigsten
herrn abgefertigte gevolmächtigte gesanten Clawes Chriestersohn
auff Aminc, Hans Larson auff Isenes und Herman Bruser bekennen
und bezeugen in und mit diesem unserm offenem versiegeltem
briefe vor allermänniglich, was würden, condition oder wesens
die seyn mögen, denen derselbige zu sehen, hören oder zu lesen
vorkumpt und erzeiget wirdt: Als danne die lande zu Liefflandt
mit raub, nahm, mordt und brandt, auch wegführunge der einwohner und andern mehr durch den Muschevitern, den grausamen
und blutdürstigen feindt der gemeinen Christenheit, jämmerlichen
und erbärmlichen nun ins vierte Jahr heimgesucht worden, meistentheils gantz und gar verheeret und verdorben und also einen
jedern von der zeit an bis anhero auch noch aus dem seinen gehalten und vertrieben, also auch dasz diese öhrter fast hülffloos
gelaszen worden, und aber die ehrbahre, vorsichtige und wohl-
weise herrn, unsere besondere freunde, bürgermeistere, rahtmanne
und die gemeine bürgerschafft der stadt Reual zu vorkommunge
ihres endlichen vorstehenden unterganges und verderbunge bey
hochgedachter königl. maytt. umb hülfe, trost und raht durch
ihre abgefertigte gesanten zum unterthänigsten anlangen und bitten
lassen, — demnach haben hochgedachte königl. maytt. aus christ-
lichen mitleidente und zugethanem gemüth, dermit ihro königl.
maytt. je und alle wege diesem ohrte bewogen, dem Allmächtigen
und seinen heiligen geboth zum ehren, zu erhaltunge, aufwachs
und zunehmunge der wahren seligmachenden reinen unverfälsch-
ten lehre göttliches wortes und umb verhütunge des besorglichen
plötzlichen unterganges dieser theil landes, der gemeinen beäng-
stigten Christenheit zum besten, sich nicht allein gegen obgenante
h. bürgermeistere rahtmanne, burgere und gemeine der stadt

Reual, sundern auch diesem gantzen ohrte gar gnädigst erzeigt
in mithetrachtunge, was grosze gefahr nicht allein ihro königl.
maytt. und andern benachbahrten potentaten, sundern auch der
gantzen gemeinen Christenheit zustoszen köute, wannehr die stadt
Reual als die einige vorwehre zusampt den landen Harrien, Wierland und Jeruen in des blutdürstigen feindes gewalt weiter keh-
men, auch endlichen derinne seyn und bleiben und vor seine ty-
ranney nicht geschützet und errettet werden solt.
Darmit sie sich aberst mit gefuge und guter bescheidenheit
königl. maytt., unsern gnädigsten herrn, unterworffig machen
möchten, haben sie dem hochwürdigen fürsten und herrn, herrn
Gottharten, meistern zu Liefflande, waszer gestald sie von i. f.
g. wie ihrer gebührlichen obrigkeit nun ins vierte jahr ohn jenige
hülff und entsetzung gautz trostloos verlaszen, und dasz auch noch
zur zeit bei i. f. g. keine beständige wirkliche hülffe und entsetzung vorhanden und zu vermutheu, durch ihre gesanten dienst-
lichen erinnern lassen mit weiteren vorhole ihrer hohen bedräng-
lichen noht und schweren obliegen, welches sie auch sich nach
andere mittel, hülff und rettung zu suchen und umbzusehende
verursachen thäte, und i. f. g. also ihren geleisteten eydt, pflicht
und holdunge renunciiren und auffsagen laszen, und weilen sie
sich dan nebst einem ehrbahren wohlweisen rath, gantzer gemein-
heit und inwohuere der stadt Reual an die königl. maytt. zu
Schweden, unsern gnädigsten herrn, geschlagen und sich wie derselben unterthanen und lieben getrewen unterwürfig gemacht, als
haben wir obgenandte ihro königl. maytt. volmechtige anwalde und
gesante an stadt ihro königl. maytt. die rähte, gemeine ritterschafft
und sümptlichen adel der lande Harrien, Wierland und Jeruen
nebst und zusampt einem ehrbaren rahte, gantzer gemeine und
einwohnere der stadt Reual nach geschehener eydes holdigunge
und geschworner treue sie sunder und sämptlichen in ihro königl.
maytt. schutz und schirm auff- und angenommen, thun auch das
hiemit und in kraft dieses unsers brieffes am allerbeständigsten,
wie solches geschehen soll, kan oder mag [1]).
Nachdem auch ihro königl. maytt. aus angebohrner gnade und
güte sie alle, ihre erben und nachkommen nicht allein in der alten
freyheit, die sie als freye ritter und knechte von oldinges bis anhero von königen zu königen, hochmeistern zu hochmeistern, auch
nun letzlichen von meistern zu meistern gehabt, auch damit priuilegiret und begnadiget seyn, gnädigst bleiben zu laszen bedacht
nud geneigt, dan sie, auch ihre nachkommen und erben, vor männiglichen darbey zu schützen und zu handhaben erbötig: Als haben wir aus mithabender königl. maytt. volmacht dieselbe ihre
priuilegia, wie die uns gezeiget und ihnen von herrn zu herrn
gegeben und befestiget worden, besichtiget und ihnen den obge-
nanten räthen, ritterschaft und gemeinen adel der lande Harrien,

1) Bis zu dieser Stelle in lateinischer Uebersetzung bei [Dogiel] Codex dipl.
regn. Pol. tom. V p. 236 nr. 137.

Wierland und Jerven wegen der königl. maytt. sonderiger zunei-
gunge und gnaden, darmit dieselbige ihnen als ihren unterthanen
und ehrlichen vom adel für andern bewogen, solche ihre rechte,
wohlhergebrachte priuilegia, freyheiten, besitzung und löbliche
zuvorn gehabte gebräuche, darmit sie von herrn zu herrn gnädiglichen versorget, begifftiget und belehnet worden, confirmiret,
befestiget, bekräfftiget und bestättiget, wie wir dieselben in der
besten und beständigsten form, gestald und weyse, wie solches
zum beständigsten geschehen soll, kan oder mag, hiermit und in
krafft dieses unsers briefes confirmiren, bekräftigen, bestetigen
und befestigen, also und dergestald, dass sie dieselbigen ihre habende priuilegien, freiheiten, gericht und gerechtigkeit jederzeit
ohne jhemandes eindrang oder hinderunge, an hals- auch hand
gerichte ein jeder in dem seinen nach dem alten zu richten, und
sich sunst in allermaszen und weisz, wie sie von herrn zu herrn
darmit verlehnet, beguadiget und die gehabt, auch von oldinges
gebrauchet, so weit und ferne eines jedern grenzen und scheidinge
wendet, zu waszer und zu lande nutzen, gebrauchen und der zu
genieszen haben sollen; wie ihnen denne und sunderlichen den
Jeruischen, die i. königl. maytt. in gleicher gnade und freyheit
der Harrischen und Wierischen auf- und angenommen, dieselbige
ihre habende freyheit und gerechtigkeit auch itziger dieser lande
gelegenheit nach zu vermehren, auch zu verbeszern und nicht zu
vermindern, in gnaden geneigt seyn.

Jedoch haben wir ihro königl. maytt. in besorglichen zeites
nöthen eine anzahl ihrer eigenen kriegsleuthe auff dem thumb
auff ihro königl. maytt. selbst eigenen unkosten zu halten vorbehalten und sollen sich alle und jedere kriegsleuthe kegen alle
und einen jedern herrn und frouwen des hausczes, auch die ihrigen, nicht anders, dan ehrlichen aufrichtigen kriegesleuthen zum
allen ehren wohl anstehet, auch eigenet und gebühret, schicken
und verhalten.

Und wiewohl diese huldigunge und der gethane eydt von viel
berührten rähten, ritterschafft und gemeinem adel der lande Harrien, Wierland und Jeruen nicht anders dan aus erst angezogenen
merklichen ursachen geschehen, dass sie in dehm mit billigkeit
von niemandts beschuldiget werden mögen; demnach aberst, weiln
offtmahls das beste und christlichste vohrnemendt von vielen ab-
günstigen der umstände wenig betrachtet, dan vielmehr zum arg-
sten gedeutet und ausgeleget wird, do es sich in zukommenden
zeiten, welches der liebe Gott gnädiglichen verhüten wolle, zu-
trüge, dasz ihnen den vorgesetzten rähten, ritterschaft und gemeinen adel, ihren erben und nachkommen, umb solche überge-
bunge, gethane eydtpflicht, jurament und huldigung, von uns an
stat der königl. maytt. entfangen, von jemand einigerley hinderunge, verkleinerunge, schade, nachtheil oder einiger verweis und
beschwerlichkeit an ihren ehren, glimpff, bisher gehabten guten
gerücht oder wolfahrt inner- oder auszerhalb landes begegnete
oder zustünde oder auch deshalben mit rhede oder tähtlicher feind-

licher gewalt angefertiget, überfallen und angefochten würden:
So wollen ihr königl. maytt., dero erben und nachkommen die
berührte rähte, ritterschafft und gemeinen adel, ihre erben und
erbnehmen in dem, wie sich das gebühret, also ihr königl. maytt.
unterthanen ehrliebende vom adel und lieben getrewen, vortreden
und verantworten, auch von allen schaden, nachtheil, gefährligkeit und wiederstandt, so ihnen deszenthalben begegnen und vor-
fallen möchte, vortedigen und beschützen und also bey ihren ehren,
glimpff und gutem gerüchte, leib und gütern jegen männiglichen
beschützen, schirmen und handhaben.
Do anch die königl. maytt. zu Dennemarken, dero erben oder
nachkommen oder jemandts hernachmahls einigerley zuspruch oder
gerechtigkeit zu ihnen, derselbigen erben und nachkommen solcher gethanen huldigung und geleistetem eydeapflicht halben zu
haben vermeinen würden, wollen die königl. maytt. zu Schweden
sie nichts weniger bey jedermänniglichen und als woher, also
dasz sie, ihre erben und nachkommen von wegen solcher huldigung, ergebunge und juraments alles zukünfftigen vorweis, nach-
theils, gefährligkeit und überfallens nun und hernachmahls mit
allen ehren entschuldiget und verantwortet seyn und bleiben sollen, entheben, verantworten und vertreten.
Und darmit in allem und jederen vorgenahnten kein zweiffel
gemacht, sondern sie sich dieses desto gewisser und glaubwürdiger zu getrösten haben, sollen und mügen, demnach haben wir
obgenahnte den vielgemelten rähten, ritterschafften und gemeinen adel der lande Harrien, Wierland und Jeruen ihnen der königl.
maytt. zu Schweden etc. unsern gnädigsten herrn und dero reichs-
rähten hieranff eine weitere ratification unter ihro königl. maytt.
und der reichs-räthe einsiegel zu befurdern und auszubringen,
auch dasz sie ihre lehne von ihrer königl. maytt. oder aber dero-
selbigen vermuhtlichen obersten oder stadthaltern auff dero ankunfft entfangen sollen, vorheischen, gelobet und zugesagt.
Des [2]) zu mehrer glaubwürdiger uhrkund und ungezweiffelten
zuversicht haben wir ein jeder von uns diesen brieff mit eigener
handt unterschrieben und unsere gewöhnliche pittscher darahn
gehangen, der gegeben und geschrieben in Reual den vierdten
Junii anno tusend fünffhundert und cyn und söstigk.

Claus Christiernsäns   Hans Larson   Herman
   egen handt   egen hand   Bruser.

---

2) Der Schluss auch bei Dogiel.

Reversale

der schwedischen Bevollmächtigten, ausgestellt für die
Stadt Reval, vom 6. Juni 1561.

Nach dem im Rathsarchive zu Reval befindlichen Originale auf
Pergament mit den herabhangenden Wachssiegeln und den
Unterschriften der drei Commissarien.

Gedruckt bei „Bunge, Quellen des Revaler Stadtrechts
II, 155—169."

Wyr hirnach geschriebene des durchleuchtigsten, hochgebornen,
groszmechtigen fursten vnd hern, hern Erichs des vierzehenden
zu Schweden, der Gotten vnd Wenden etc. königs, vnsers gnedigsten hern, abgefertigte gevolmechtigte gesandten Clawes Chri-
sternson auff Amine, Hanns Larson auff Isenes vnnd Herman Bruser bekennen vnd betzeugenn in vnd mit diesem vnserm offenem
vorsyegeltem brieffe vor allermenniglich, was wirdon, condition
oder wesens die sein mogen, denen derselbe zu sehen, horen oder
lesenn vorkumpt: Nachdeme dan der gemeine ertzfeindt der Christenheit, der Moschowieter, die lande zu Liefflandt nhun etzliche
jahr hero bekrieget, jemmerlich vorheret vnd vorwöstet vnd zum
mehrerm theill ohne wiederstandt vnter seine gewalt gebracht,
dadurch er auch so modigk vnd stoltzs geworden, das er in solchem seinem vornehmen vortzufaren vnnde dye gutte stadt Reuall
mit heeres krafft zu belägern sych vornehmen lest — wie dan
zu befurchten, das er nach so grossem erlangtem furteill vnd
glucke nicht feyren, sundern seinen fuesz weiter zu setzen sych
befleissigenn wirdt — derowegen haben vnns eynn erntuheste
ritterschafft der lande Harrien, Wierlandt vnd Jeruenn, so woll
ein ersamer radt der stadt Reuall jnn staht hochgedachten ko.
may. vmb christliche errettunge vnd schutzs vffs dienst- vnd freunt-
ligste anlangen vnd bitten lassenn, syntemal sye nhun mhor in
der letzsten vnnde eussersten nodt van ihrem hern, dem meistern
zu Liefflande, noch sunsten keiner eilsamen hulff vnd entsatzs sych
zu getrostenn vnd denselben in zeit der belegerung aller erst zu
suchenn geferlich sein wolte. Dieweiln wir dan bey vns betrachtet, was vohr grosse gefahr nicht allein vnsz vnd andern be-
nachtparten potenthaten, sundern auch der gantzen Christenheit
darausz entstehen kontte, wan dieselbige stadt, als die einige vor-
wehr dieses orts, in des bluthdurstigen feindes gewalt kommen
vnd vor seiner tyranuey nicht sollte beschützet vnd errettet wer-

den, so haben wir alsz ihrer ko. may. genolmechtigete lauth derselben mithabenden vollemacht an stadt ihrer ko. may. ausz christlichem gemuthe vnde guter vorbetrachtunge, auch gnedigster zuneygunge, so ihre ko. mayt. zu derselben tragen, den ersamen vnnd wolweisen rath, alle burgere vnd einwohnere auff den eydt, huldigung vnd treuwen, so sy vns ahn stadt hochgedachter ko. mayt. geschworen, vor ihrer mayt. vnderthanen angenhomen vnd derselbigen beschutzung vnd vortretunge zugesagt, wie wir dan solches thuen hiermit vnd in crafft dieses vnsers brieffes

Vnd geloben, auch vorheischen darauff, dieselben vnd alle ihre nachkommen nicht alleine in der altten freiheitt, wie sye bisz hero alsz freye leuthe bey regierung der meister zu Lifflandt gehabt, bleiben zu lassen, sundern auch vhor allen dingen bey der alleinen seligkmachenden lehre des godtlichen wortesz lautter vnd klar zu predigenn, so woll auch bey allen ihren habenden priuilegien, jurisdiction, freyheiten, begnadigungen, gerichte vnd rechte in burgerlichen so woll peinlichen sachen, alten gewonheiten, loblichen vorgefundeuen gebreuchen, alten besytz, habender where, auffrichtigen verdregen, siegeln vnd brieffen, so ihnen vnd der stadt Reuall von hern zu hern gegeben vnd vns gezeiget, vnturbierett zu schutzen, zu handthaben, dieselbigen stetz vnd alle wegen nach dyeser lannde gelegenheit zuuormehren, zuuorbessern vnd nicht zuuorringern, bynnen vnd ausserhalbeun dieser stadt, so weith ihre grenntz vnd scheidunge zu wasser vnd lande sich erstreckett, nuhn vnd in allen zukunftigeu zeiten frey friedesam vnd vnbehindert stetz zuhalten, zugebrauchen vnde zubesitzen ohne jemandes hinderunge, wiederstandt oder eindrauck der ko. mayt. vndersassen, so ferne die ihrer ko. mayt. vnde des reichs zu Schweden schwere straffe vnd vngnad gedencken zuuormeiden.

Jedoch hat ein erbar wolweiser radt vnd die gemeine burgerschafft vnd einwonere bewilliget, das der ko. mayt. in besorglichen nodeszeiten eine antzall ihrer eigenen kriegsleuthen in der stadt Reuell auff derselbigen ihrer ko. mayt. vnkosten zuhalten sol frey vnd offen stehen vnd bleibenn.

Auch derowegeu, das sie sych von den vbrigen landen zu Lifflandt, wiewoll hochdrenglich verursacht, entzogen vnnd abgesundert vnd vnther ihre ko. mt. vnd dasz reiche zu Schweden ergeben, von aller gefhar, wiederwertigkeitt, vorweisz vnd schaden zuentheben vnd nicht weiniger alsz deroselben ererbten vndersassen vor alsz wehme zubandthaben vnd zuuorthedigen.

Do auch die ko. wirde zu Dennemarcken, dero erben oder nachkommen ihrer vorgebender anspruche zu den lauden Harrien vnd Wierlandt, auch der stadt Reuell sych nicht begeben wolte vnnd sye oder ire nachkommen nhun oder in kunfftigen zeiten, jnn wasserley gestalt dasselbe gescheen mochte, angefochten wurden, wollen dy ko. may. zu Schweden sye vnd alle einwohner, auch ihre nachkommen, nicht alleine vor der kon. w. zu Dennemarcken, dero erben vnd nachkommen, sundern wie ob stehet vor alsz wehme mit godtlicher hulffen entheben vnd entthnehmen.

Vnd nachdem die gemeine stadt Reuall der genhomen gueter halben, darauff der her meister bestallung auszgeben vnd die suche vff sich genhomen, harte beschuldiget vnd darumb ahun das keyserliche cammergerichte citierett worden, wollen ihre kon. mayt. sye in gnaden auch vortreden vnd voranthworthen.

Imgleichen auch die freye muntze, wie sye die biszhero vnd noch gebrauchet — jedoch das der kon. may. zu Schweden biltnus oder reichswappenn vnd vberschriefft hinfurder wie gebreuchlich auff der einen seiten gepreget wirde — vnd den auffkunfft der wagen zise vnd schosses, darmit der stadt Reuall gebew vnd regimente vnterhalten pfleget werden, vnde wesz sunst mher ire vielgemelte priuilegien inne halten vnd von vns hiebeuhorn an stadt irer kon. mayt. bekrefftiget, nach- vnd zugelaszen.

Alszdann auch innen vnd aussen der stadt zwey vnderscheidene jungfrowen-closter erbawet vnd gelegen, da die burgerschafft in Reuell ire freyheit so woll alsz die vom adell ire kinder, so lust darzu haben, als eine zuchtschole zubegeben gehubet, demnach gelobenn vnd vorsprechenn wier, das sye derselben neben den siechheusern wegen irer landtgutere, damit sye zu rechte priuilegiret, imgleichen genieszen.

Auch weiln die stadt von dem thumbe mit einer sunderlichen meuren vnd pforten vnderscheiden, so sall die stadt die schlussell zu derselben, wie zu allen andern pfortien, zu normeydunge vieles todtschlages vnd ander vnrats in jhrer gewalt behalten vnd die pforten nach dem alten auff vnd zuzuschliessen mechtigk sein; wiewoll wier vns fhurbedingt, das solchs der kon. mayt., derselbigen stadthaltern oder gesatzten amptman in deme auff- vnd niddergange vnuorhinderlich seyn soll.

Vnnd nachdeme die stadt Reuell der deutzschen Anze vorwandt vnd eingeleibett, soll es ihnen, ob sye darynne bleiben willen vnd derselben freyheit ferner geniessen oder nicht, frey vnd offen stehenn, wie dann viellgenantte burgermeistere, rathmanne, burgerschafft vnd gemeine die gewontliche appellation ausz jrem gerichte nach Lubeck sych auch nach dem alten furbehaltenn.

Vnnd weiln dan die hochgemelte kon. mayt. der stadt gedey, aufkunfft vnd wolfart gerne gefurdert sehen, so werden ihre kon. may. denn frembden teutzschen kauffmhan mith keinen vngewontlichenn zollen oder andern aufflagen, damit er die stadt zu besuchen nicht abgeschrecket werde, beschwerenn, sundern derselbigen stadt zunehmung vnnd besserung befurdern gnedigst helffenn.

Vnnd domitt in allen vnd jeden vorgedachten clawselen vnnd articulen kein zweiffell gemacht, sundern sye sich dieses desto gewisser vnd glawbwirdiger zugetrosten habenn sollen vnnd mugen, darvmb habenn wyr obgenantte ermelte räthe burgern vnnd gemeindenn ihnen von hochstgedachter kon. mayt. zu Schweden etc., vnnserm gnedigsten herrn, vnd derselbigenn reichsrethen hirauff eine weittere ratification vuud vorsyegelte confirmation zu befurdern vnnd aufs schleunigste auszzubrengenn vorheischenn, gelobett vnnd zugesagt. .

Des alles zu mherer glaubwirdiger vrkundt haben wir ein jeder vonn vns mit eigener handt vnthergeschriebenn vnnde mit vnsern pitzschieren vorsiegelt. Gegeuenn inn der stadt Reuell denn sechstenn Junii anno etc. tausenntt funffhundert vnnde im cynnvnndsöstigstem jhare der weniger zall etc.

Claes Christersån Hans Larszons Herman Bruser mpp.
egin hånd spt.

Des Königs Erich XIV. Privilegium
für die Ritterschaft vom 2. August 1561.

Das im Ritterschaftsarchive zu Reval befindliche Original auf Pergament mit herabhungendem Wachssiegel war mir nicht zugänglich und ich gebe daher das Document nur nach der im obeu bezeichneten Privilegienbuche vorhandenen Abschrift. Gedruckt ist es in Hupel's ueuen nord. Miscellancen, Stück XI, XII, S. 356 bis 363, Ewers' Ritter- und Land-Rechte (1821) S. 82—86 und in lateinischem Auszuge bei Dogiel V, 237 im Auhange zu nr. 137.

Wier Erich der vierzehcnt von Gottes gnaden zu Schweden, der Gohten und Wenden etc. könig. Nachdem und als die landt zu Liefflandt mit raub, mord und brandt, auch wegfürunge der armen leute durch den grosfürsten aus der Muscou jämmerlichen und erbärmlichen nunmehro iu das vierdte jahr angegriffen, verheret und verdorben, also daez fast alle vom adel des ihren entsetzet, von ihren haab und gütern vertrieben und zum eusersten verdorben seyn, und aber die ritterschaft und gemeiner adel der lande Harrien, Wierland und Jeruen, die der groszfürst sich noch nicht unterthänig gemacht hat, zusampt der stadt Reual in solchem ihren drangsahl, höchster noht und obliegen, als die von ihrer obrigkeit, dem herr meister teutsches ordens zu Liefflandt, und andern hülff- nnd trostloos gelaszen, uns umb errettung, hülffe und beystand angeruffen und sich uns zu untergeben begehret haben: So haben wir aus beständigen und hochermesslichen ursachen durch unsere commissarien, die ehrenvesten und ehrsahmen Claus Christerson, Hans Larson und Herman Brnser, die ritterschaft, den adel und inwohner der lande Harrien und Jeruen, auch die, so der Muscowiter in Wierlandt gesessen noch nicht gantz in seinem gehorsahm gebracht, in unser schutz und schirm, auch für unsere unterthanen und liebe getrewen vermittels ihres eydes an- und aufnehmen lassen, wie wir sie dan annehmen inhalt und krafft dieses offenen briefes.

Und dieweil dan obgeschriebene unsere commissarien, procuratoren und vulmächtige gesandten der bemelten ritterschafft und den vom adel ihre wohlhergebrachte alte privilegien, jurisdiction und gewohnheit auf fernere unser ratification vermüge unsern habenden vulmacht haben confirmiret und bestätiget: So bekennen wir und thun kund für jedermänniglich, den dieser unsere brieff zu sehen, hören oder lesen vorkumpt, was standes, condition oder würden die seyn, für uns, unsere leibeserben und nachkommen, dasz wir alle vertröstungen, zusagen, verbriefften und versiegelten confirmationen der alten priuilegien, auch alten löblichen und wohlhergebrachten gebrauch und gewohnheiten der bemelten ritterschafft und den von adel, so wohl zu Jeruen als zu Harrien und Wierlandt, in nahmen und unsertwegen geschehen und versprochen, nachfolgender gestalt ratificiren, dieselben stet, fest und unverbrüchlich halten wollen, wie wir den solches bester, beständigster und kräfftigster form thun hirmit und in krafft dieses briefes.

1. Anfänglich wollen wir, dass die lande Harrien, Wierlandt und Jernen, so viel sich der uns unterthänig gemacht haben, nicht allein bei der heilsahmen lehre des euangelii, wor dieselbige bey ihnen rein und aufrichtig gelehret und gepredigt, sollen bleiben und beharren, sondern wollen auch, dasz nach ihrer persohnen geschicklichkeit abzusetzen und andere tüchtige an ihre statt zu nehmen, unser und der stadt superintendenten zu Reual die pfarren und kerspel der lande visitiren und, wan es nötig, tüchtige praedicanten, pfarherrn und sehlsorger verordnen und einsetzen, die untüchtigen aber und falschen lehrer absetzen und abschaffen sollen.

2. Darnach auff dem geleisteten eydt der ritterschaft und adel, so verlehnen wir sie als unsere unterthanen und lieben getrewen mit allen ihren väterlichen erben, gekaufften und wohlgewunnenen gütern und allen, worzu sie berechtiget seyn.

3. Sie sollen, auch ihre erben und nachkommen, in der alten freyheit, die sie als freye ritter und knechte von alters her bis anhero von königen zu königen, hochmeistern zu hochmeistern, meistern zu meistern gehapt und damit priuilegiret und begnadiget seynd, bleiben und dabey geschützet und gehandhaben werden, also und dero gestald, dasz sie dieselbigen priuilegien, freyheiten, gerichte und gerechtigkeiten jeder Zeit ohne jemands eindrang und hinderung, an hals- und handgerichte ein jeder in den seinen nach dem alten zu richten, — doch dasz unser stadthalter so wohl in selben als andern gerichte, wie von alters gebräuchlich, visitire[1]) und mit urtheile — sich auch sonsten in aller maszen und weise, wie sie von herrn zu herrn damit verlehnet, begnadet und die gehapt, auch von alters gebraucht, so weit und ferne eines jeden grentz und scheidung wendet, zu waszer und zu lande nutzen, gebrauchen und derselben zu genieszen haben sollen; dieselben ihrer habenden freyheit und gerechtigkeit wir itziger zeit und dieser lande und unserer gelegenheit nach zu vermehren, zu vorbeszern und nicht zu vermindern in gnaden gewogen seynd.

4. So wollen wir so viel müglich die ritterschafft, gemeinen adel, ihre erben und nachkommen derwegen, dasz sie dem herr meister ihren eydt auffgekündiget und sich von den übrigen landen zu Liefflandt, wowohl aus hochgedrängter eliehafft und euserste

---

1) praesidire, Ewers.

noht, entzogen, abgesundert und unter uns und der crohnen zu
Schweden sich ergeben, von aller fahr wiederwärtigkeit, verweis
und schaden enthaben und nicht weniger als andere unsere ererbte unterthanen vor als whem handhaben und zu verthädigen.

5. Do auch im fall die königl. würde zu Dennemarcken, das
römische reich, der herr meister und andere, den sich der herr
meister anhängig gemacht, dero erben oder nachkommen sich einiger gerechtigkeit und zuspruch zu der ritterschafft, adel und
den landen anmaszen und sich der nicht begeben würden, wollen
wir, unsere erben und nachkommen für allen und jeden, wie die
mögen genennet werden, die ritterschafft vom adel und die lande
hirin vertreten und, wo sie derhalben angefochten und bedrenget
würden, solcher bedrängung und anforderung gnädiglich entheben
und entnehmen.

6. Die zweine jungfrowenkloster, welche des adels freyheit
seyn, innen und aus der stadt gelegen, belangende, ist unser
gnädigst meinung und wille, dasz sie in gegenwertigen stand und
volmacht bleiben, doch dasz alle abgötterey abgeschaffet und der
rechte wahre gottesdienst aufgerichtet würde.

7. Welche auch unter der ritterschafft sich in ihren diensten
für dem feinde und sonsten ritterlich, getreulich und wohl halten,
sollen für andern nach ihrem gedienste zu den ämptern, wie hie-
benohr bey dem herr meister gebräuchlich gewesen, gezogen und
damit belehnet werden.

8. Weil wir auch die ritterschaft und gemeinen adel auff
derselben unterthänig pitten nicht allein mit baarschafft, sondern
auch mit darstreckunge pferde, buchsen und harnisch gnädigst
gestercket und ihnen auffgeholffen, so ist dargegen unser ernster
wille, dasz ein jeder nach anzahl und vermügenheit seiner güter,
auch nach entpfangener entsatzung und leihung, mit pferden und
knechten stets für und für dermaszen versorget sey, damit er so
offt es die noht erfordert, seine guter zu verdiensten sollen und
mügen.

9. So wollen auch wir so wohl in dem angezogenem priui-
legio des bannerhengsts als andern uns gnädiglich gegen die ritterschafft und dem adel ertzeigen und begehren, dasz sie unsers
reichs farb, feldzeichen oder wapen unsere gefallens in ihrer fahnen führen wolten.

10. Ferners reden, sprechen und loben wir gedachten unsern
lieben getreuen und allen ihren nachkommenden, so wieder uns,
unser leibeserben und rechtmäszige successoren mit ungrunde
und unwarheit angegeben und afterredet werden möchten, hin-
füro gegen alten hergebrachten gebrauch und gewohnheit nicht
zu vergewaltigen, zu fahen, noch mit gefängnüsz zu beschwerende
vergunnen und gestatten wollen.

11. Dan aber im fall, das Gott gnädiglich abwende, künfftig sich begeben und zutragen würde, dasz jemandes wormit berüchtiget und beschuldiget, als hätt er gegen seinen eydt gefähr-

lich gegen uns, unser reich und ländern selbst oder undersetzt
gehandelt und derselbige ein besitzlich lehnmann wehre in Harrien, Wierland und Jeruen oder unbesitzlich, der schildbahr ist,
der ohenberührter maszen berüchtiget und angegeben würde, denselben soll man richtlich citiren, beschrieben und beschuldigen
und so er oder die alsdan nicht erscheinen und sich für gericht
stellen würden, so soll man in allen unsern reichen, landen
und gebieten ihm nachforschen, nachstellen, in einem ritterlichen
handgelöbde und in adeliche bestrickunge briugen, bis die sache
gnugsahm erörtert.

12. Würde aber jemand mit warheit überzeuget, überweiset
und überwunden, derselb und dieselben sollen durch unsere ver-
ordnete stadthaltern mit hülff, raht und beystandt der gemeinen
ritterschafft gemeinen lande ohne alle gnade gestraffet werden;
demgleichen auch hinwiederumb der angeber und kläger, der die
klage mit grund und beystandt nicht kan beybringen, erweisen
und wahrmachen, er sey hohes oder nieder standes, niemandes
auszbeschieden, soll zu gleicher poen und straff ohn allen mittel
verfallen.

Welches priuilegium wir in dehm und andern allen seinen
puncten und artikeln confirmiret, bestätiget und befestiget wollen
haben, also wir auch daszelbige hirmit krafft dieses briefes confirmiren, bestetigen und befestigen, für uns, unsere männliche leibeserben, nachkommen und gepietigern stet, fest und unverbro-
chen zu halten. Zu uhrkund der warheit haben wir unser secret
unten an diesen brieff wiszentlich hangen laszen, welcher gegeben
zu Nörkepen den andern Augusti anno tausend fünfhundert und
in einundsechzigsten.

Ericus XIV.

Des Königs Erich XIV. Privilegium
für die Stadt Reval vom 2. August 1561.

Nach dem im Rathsarchive zu Reval befindlichen Originale auf
Pergament mit herabhangendem Wachssiegel und der Unterschrift
des Königs.

Gedruckt bei „B u n g e, Quellen des Revaler Stadtrechts
II, 160—163.“

Wir Erich der viertzehende von Gottes gnaden zu Schweden, der
Gotten vnd Wendenn etc. konigk. Nach dem vnd alse wir die
stadt Reuell in ihren eusserstenn beschwerden, nöten vnd drangsal, darinne sie vnd die lender Harrien, Wirlandt vnd Geruen
eine raume zeit hero ohne trost, hulff vnd errettung ihrer vori-
genn obrickeit, desz meisters teutsches ordens, vnd anderer, daruon
sie billich hulff vnnd errettung solten gewartett vnd erlangt haben, auf ihr vnderthenigs bitten vnd anruffen durch vnsere jungst
bei ihnen gehabte commissarien vnd gesandten, die ehreuestenn
vund ersamenn Clausz Christiernson, Hansz Larsonn vnd Herman
Bruser, in vnsern schutz, schirm vnd fur vnsere vnderthanen medio
ipsorum iuramento fidelitatis, den sie gemelten vnsern volmech-
tigenn wircklich geschworenu vud geleistet habenn, auf vnsere
ratificationn aufnehmen lassenn, auch dasz schlosz zu Reuel er-
obert, wortzu vnsz nachgeschriebene bestendige ermesliche vnd
hochdringende vhrsachenn habenn gereitzt vnd bewogenn:

erstlich der armen leute hohe noth, drangsal vnd vntergangk,
auch in den ortenn vertilgung desz selichmachenden gotlichen worts;

vnd dan auch, dasz wir behertziget vnd betrachtet, wasz
schadens, nachteils, vndergangs vnd verderbs nicht allein den lan-
denn vnd stetten, sondern der gantzen Christenheit daraus entstehen vnd erwachseu wurde, so der grosfurst die stadt Reuell vnter
seinen gewaldt brengen vnd dardurch denn schlussel vnd die zuschiffunge sowol auf vnser konigreich vnd landschafften, alse auf
alle andere anreinende konigkreiche, furstenthumben, herschafftenn
vnd stette oberkomen solte;

wie zuletzt, dasz der meister tzu Lifflandt sich gegen vnsz
mit abfabung vnser vnderthanen, beraubung ihrer schiff, hab vnd
guter vnnachparlich, vnuertreulich vnd feintlich verhalten vnd
keine restitutionn vnd ergetzung zugefugts schadens, iniurienn
vud gewalt vber vielfeltig vnser gutlich ansuchenn, auch key:
mat: ernstlich mandat vnd befelch hat thun wollen, derhalben

vnsz vnsere konigkliche ehre getzwungen, an in vnd seinen vnder-
thanenn ergetzung zusuchen; —
    So bekennen wir vnnd thun kundt fur jedermenniglich, den
dieser vnser brief zu sehen, horen oder lesenn vorkumptt, wesz
stands, condition vnd wirden die sein, fur vnsz, vnser leibeserbenn
vnd nachkomen, dasz wir alle vertrostungen, zusagenn, verbriefften vnd versiegeltenn confirmatien der alten priuilegien, den
bemelten von Reuel in namen vnd vnsertwegen geschen vnd versprochen, nachuolgender gestalt ratificieren, dieselben stedt, vest
vnnd vnuerbrochenn haltenn wollenn, wie wir dan solchs thun hiemit vnd in craft dieses brieffs.
    1. Anfenglich wollen wir, dasz die stadt Reuel bei der heil-
samen lere desz selichmachenden gotlichen worts sollen bleibenn
vnnd rublich erhaltenn werdenn.
    2. Darnach sollen sie in ihrer alten freiheit, wie sie die von
alters her vnd letzlich bei regierung desz hern meisters zu Lifflandt gehabt, bleibenn.
    3. Sie sollen auch bei ihren priuilegien, jurisdictionen, frei-
heitenn, begnadigungen, gerichte vnd rechten sowol in peinlichen
alse burgerlichen sachen, alten guten billichen rechtmessigen vnd
loblichen gewonheiten, gebreuchenn, possession, habender wehre,
auffrichtigenn vertregen, siegel vnd brieffen, so ihnen vnd der stadt
Reuell von hern zu hern gegebenn, souiel sie der beweisenn, darthun vnnd beschrieuenn mugenn, vngeturbieret geschutzt vnd gehandhabet werden vnd derselbigen binnen vnd ausserhalb der
stadt, so weit ihre grentzen vnd scheidungen zu wasser vnd lande
erstreckt, nu vnd in allen kunftigenn zeiten frei vnd vnbehindertt
besitzen vnd gebrauchenn ohne jemands einrede, widderstandt vnd
hinderung.
    4. Dargegen sollenn vnd wollenn sie vnsere jn vnsern rei-
chen geborn vnderthanen, bei ihnen in ihrer stadt borgerlich erhaltenn, aller solcher priuilegienn, so sie sich gebrauchen, frucht-
barlich vnd vnbehindert geniessenn lassenn.
    5. Es sollen auch ein rath, die gemeine burgerschaft vnd
einwoner in besorglichenn notzeitenn vnsz ein anzal kriegesleute
auf iren vncostenn aufbrengen, besolden vnd erhalten vnd zu
felde nach dem alten gebrauche, wie es hiebeuor mit dem hern
meistern gehalten, inhaldt vnnd vermuge ihrer darauf habendenn
siegel vnd brieffe, zuschickenn, auch in allenn vnnd jedenn vn-
pflichtenn, schatzungen vnd zulagen, so sie hiebeuor ihrem hern
meistern ordinarii vnd extraordinarii nach erforderung der sachen,
der lande vnd stadt gelegenheit vnd notturft gegebenn vnd betzalt
haben, sich gegen vnsz, wie gehorsamen vnd getreuen vnderthanen eignet vnd geburet, gutwillig vnd gehorsamlich ertzeigen
vnd verhalten.
    6. So seint wir gentzlich gewogen vnd erpieten vnsz die
stadt Reuel derwegen, dasz sie sich von den vbrigen landen zu
Lifflandt, wowol hochgedrengt vnd benotigt entzogen, abgesundert
vnd vnter vnsz vnd der cronen zu Schweden sich ergebenn, von

aller gefahr, widderwertigkeit, beweisz vnd schadenn souiel muglich zuentheben vnd nit weiniger alse andere vnsere ererbte vnderthanen vor alsz wehme wie vorgemeldt souiel muglich zuhandthabenn vnd zuuerthedigenn.

7. Da anch im fahl die kone. wirde zu Dennemarck, dasz rome. reich, der her meister vnd ander, den sich der her meister anhengig gemacht, dero erben oder nachkommen sich einiger gerechtigkeit vnnd zuspruch zu der stadt Reuell anmassen vnd sich der nit begebenn wurden, wollenn wir, vnsere erbenn vnd nachkomen fur allen vnd jeden, wie die mugen genent werdenn, die stadt Reuel hirin vertretten vnd [so] sie derhalben angefochten vnd bedrengt wurde, solche bedrangnusz vnd anforderung gnediglich entheben vnd entnemen.

8. Nachdem auch die gemeine der stadt Reuell der genomene guter halben, darauf der her meister bestallung ausgebenn vnd die sach auf sich genomen, schwerlich beclagt und darumb abn dasz key. cammergericht citiert wordenn, wollen wir sie in dem auch gnediglich vertretten.

9. Ferner konnen wir beiten, bewilligenn auch, dasz die vielgemelte stadt Reuell sich der muntze gleicher massenn, wie sie die biszhero gehabtt, gebrauchenn, jedoch mit diesem gedinge, dasz vnser bildnus vnd vberschrift hinfurder, wie in vnserm reich gebreuchlich, auf der einen seitenn gepreget, zu dem auch, dasz kornn vnd schrot nach vnser reiche muntze getreulich vnd vngefehrlich bei schwerer straff gleichmessig richtet werde, daruon sich der stadt Reuel muntzmeister mit dem vnsern, wie solchs am besten vnd fruchtbarlichsten ins wergk gestellett mucht werden, sol vnterredenn vnd berattschlagenn.

10. Die zwene jungfrauenn kloster jnnen vnd aussenn der stadt belegenn belangende ist vnser gnedigste meinung vnd wille, dasz sie in jegenwertigen stand vnd wolmacht bleibenn; wollen aber, dasz alle vnd jede abgotterei vnd vermeinte gottesdienst, wo sie sich dessenn noch darinnen gebrauchenn, mit glimpf vnd guter bescheidenheit gentzlich abgethann vnd die reine lehr desz evangelii vnd rechter gebrauch der sacramente der gotlichen maiestett zu ehrenn, vnd damit die jugendt nicht allein in guten tugendenn, erbarckeit vnd sitten, sondern auch in erkentnusz Gottes vnd seines selichmachenden worts vnderweiset vnd ertzogenn, aufgericht vnd bestettigt wurden.

11. Die hospitale vnd kranckenheuser sollen gleicher massen bei allen vnd jglichen jhnen zu- vnd eingehorigen, beweglichen vnd vnbeweglichenn, erhalten werdenn.

12. Wir konnen auch geduldenn, dasz die stadt die schlussel zum thumb alsz zu andern allen thoren in ihrer verwarung behalten, denselben auf- vnd zuschliessenn, doch mit diesem bescheide vnd vorbehalt, dasz solchs vnsz, vnsernn stadthaltern, verordneten amptleuten vnd befelchhabern auf dem schlosz in dem auf- vnd nidergang jeder zeit vnbehindert sein soll.

13. Vnd nachdem die stadt Reuel den teutschen Antze verwandtt vnd eingeliebt ist, sol es ihnen, ab sie darin bleiben vnd derselben freihcit ferner geniessen wollen oder nicht, frei vnd offen stehen; doch also, dasz sie dardurch keiner andern obrickeit, wie die mag genent werden, jurisdiction vnd gepicte sich vnderwerffen oder gehorsamen sollen, sondern allein vnsz fur ihren gepietendenn hernn erkenneun.

14. Also vnd mit solchem vorbehaldt mugen sich vielgemelte burgermeister, rathmnn, burgerschaft vnd gemeiue der stadt Reuel der gewohnlichen appellation ju sachen, die contracte vel quasi handel vnd wandel antreffenn, vnd sonst keiner ander furbehalten vnd gebrauchen.

15. Wan wir auch aufnehmen vnd gedeien der von Reuell alsz vusere liebe getreuen vnd vnderthanen gerne befordert sehen, so wollen wir dem frembden teutschen kaufmnn mit keinem vngewonlichen zoll oder anderer autlage, so der stadt zu nachteil vnd schaden gereichen mochte, beschweren.

16. Wir bewilligen auch vnd wollen, dasz die stadt Reuell, derselbenn vnderthanen vnd hanticreuder kaufman ju vnseren reichen zolfrei gleich andern vnsern vnderthaneu sein sollen, geben ihnen auch frei allerlei kaufmnnschaft ju vnd ausz vnsern reichen zu fuhren, ausgenomen die guter, so zuweilenn nach erforderung vnser vnd vnser reich notturft vnd glegenheit auszzufuhren verbotten sein. Derselben ausfuhr wollen wir, dasz sie sich ohne sonderlich vnser bewilligen vnd zulassen genzlich sollen enthalten.

17. Auff der von Reuell vnderthenigs bitten vnd ansuchenn wollen wir auch bei allen vnsern vnderthanen die zuschiffunge auf die Narue mit dem furderlichsten abschaffenn, vnsz auch darumb befleissigenn, dasz niemandt der auslendischen stette sich derselben gebrauchen, dan allein auf Reuel vnd Wiburgk schiffenn vud handlen sollen, vnd nachdem die von Lubeck sich der zuschiffunge auf die Narue am meistenn gelusten lassenn, wollen wir auf die mittel wachten, wordurch sie gebracht werden sollen sich derselbigenn gentzlich vnd all zuenthalten vnd zubegebenn.

Alle vnd jede obgeschriebene priuilegien, punct vnd artikel wollen wir zu ewigenn zeiten stets vest vnd vnuerbrocheun gehalten habenn. Zu vhrkundt haben wir vnsz mit eigener handt vnterschriebenn vnd vnser koniglich secrett hirunder anhangen lassen. Geben zu Norkopingen den andern Augusti nach der geburt vnsers Hern vnd Selichmachers tausendt funfhundert vnd im einvndsechtzigisten jahre.

Ericus XIV.

Zweite Abtheilung.

Universale Peters des Grossen
vom 16. August 1710.

Nach dem im Rathsarchive zu Reval befindlichen Originale (nur deutsch) auf Papier mit dem Siegel und der Unterschrift des Kaisers.

Gedruckt bei P a u c k e r, Wrangell's Chronik von Ehstland S. 196—198 und B u n g e, Quellen des Revaler Stadtrechts II, 370—372 (nicht nach dem Original).

Wier Petrus der Erste von Gottes Gnaden Czaar
und Imperator von allen Reussen etc.

Thun hiemit gegen jedermänniglichen, welche dieses ansichtig werden, kund und zu wiszen, dasz nachdeme der grosze Gott Unsere gerechte Waffen mit so vielen herlichen Siegen, zu Preisz und Ehre seines heyligen Nahmens gnädiglich bekröhnet, Wier zwar herzlich geneiget wären, unserm Reiche und allen Benach-bahrthen, einen sicheren und beständigen Frieden zu gönnen und zu geben, von dem Könige in Schweden aber, wegen seiner be-kandten Opiniatreté, zu keiner recht friedsamen Ruhe gelangen können, sondern zu gewiszer Erhaltung dieses rechtmäszigen End-zweckes, nunmehro die Waffen nach Ehstland zu transportiren und unsz an denen Seehäfen gegen alle Invasiones feste zu setzen, und insonderheit der Stadt Reval durch Göttlichen Beystand Unsz zu bemächtigen, Unsz necessitiret finden. Bey welcher Fortsetzung Unseres gerechten Desseins Wier vor christlich und billig erach-tet, allen und jeden Einwohnern dieses Fürstenthumbs Ehstland, wesz Standes und Condition sie auch seyn mögen, solches vor-hero in Gnaden kundt zu machen, und so wohl einen jeglichen insonderheit, als allen ingesamt, unter was Consideration und Nahmen sie immer sortiren mögen, Erbherren, Pfandhaltern und Arrendatoren, Einwohnern in Städten und Flecken, und ohne ei-nige Ausznahme bis auff den geringsten Bauren, alle Sicherheit und Gnade in ihren Güthern, Häusern und Wohnungen, auf den Wegen und überall mildkeyserlich darzubieten und heylig zu versichern, also dasz Wir alle und jede Eingeseszene, Possessores und Einwohner besagten Fürstenthumbs, mit aller ihrer Habsee-ligkeit und zugehörigen Güthern in unseren specialen grosz Czaa-rischen Schutz nehmen, und für alle Sicherheit gnädiglich garan-tiren, dergestalt, dasz Niemanden von Unseren Trouppen, als welcher wegen scharffe und zulängliche Ordres gestellet sind, etwas gewaltsames noch leydes solle zugefügt werden. Dagegen Wier auch hoffen und begehren, von allen obbenanten des Fürsteuthumbs Ehstland, dasz sie fürsz erste in ihren Häusern Güthern und Wohnungen verbleyben, die aber, welche sich absentiret haben möchten, wiederkehren und den von Gott verliehenen Segen diesz-jährigen Gewächses mitgenieszen, wozu gleichfalsz und insonder-heit die Priesterschafft bei künfftiger schwerer Verantwortung auszdrücklich vernahmet wird, auch gegen unsere gesampte Befelich-habere und Milice sampt allen Officianten sich gebührlich com-portiren, weder directé noch undirecté Unwillen und Schaden zu-fügen, und solchergestalt verhüthen, dasz Mann nicht über un-zuläsziges Unternehmen, zu so harten Remedes nach Krieges Manier, alsz einige in Lifland sich muthwillig über den Hals ge-zogen, veranlaszet werde; Vielmehr aber unseren dort im Lande zu stehen kommenden Trouppen, zur unentbehrlichen Subsistence, nothdürfftigen Unterhalt ausz ihren Güthern zu reichen, sich wil-lig finden laszen. Woneben die Baurschafft, so lieb derselben ihre zeitliche Wollfahrt ist, ernstlich anermahnet wird, in ihren Gesindern zu bleyben, und sich ja nicht in die Wälder und Büsche zu retiriren, falsz sie nicht der Gefahr wollen exponiret seyn, in solchen verbotenen Retirade von unseren Soldaten attrapiret, und an Leib und Guth gefähret zu werden, gestalten ein solches die Prediger von den Cantzelen, der Baurschafft öffters und deutlich zu erkennen zu geben, und öffentlich abzukündigen hiemit ausz-drücklich erinnert werden.

Ueber ein solches aber zu algemeinem Heyl desiderirtes gu-tes comportement, werden Wir daher sonderbahre Vergnügung empfinden, weilen dadurch desto beszer eine richtige genieszung des sicheren Schutzes, und unserer milden Gnade, mit dem Wir dem Fürstenthumb Ehstland zu gethan sind, allen Einwohnern des Landes warhafftig zu statten kommen möge. Insonderheit aber können Wir nicht unterlaszen, Einer Wohlgebohrner Ritter- und Landschafft des Fürstenthumbs Ehstland, wie auch E. E. Rath und der gantzen Bürgerschafft der Stadt Reval unsere besondere Gunst und Gnade auch hierinnen zu declariren, dasz so balde nach Gottes Willen das Land unter unsere devotion völlig ge-bracht ist, Wier nicht allein ohne einige Innovation der im gant-zen Lande und Städten biszherzu üblichen Evangelischen Religion, alle ihre alte Privilegia, Freyheiten, Rechte und immuniteten, welche unter der Schwedischen Regierung eine Zeithero Welt-kündig violiret worden, nach ihrem wahren Sinn und Verstand beylig zu conserviren, und zu halten gesinnet sind; sondern Wier geloben auch dieselben mit noch ampleren und herlichern, nach gelegenheit zu vermehren. Worüber die Stadt Reval, alsz welche sich so wenig des gerühmten Succurses, alsz Riga und Duna-munde zu getrösten hat, woferne sie nicht zu ihrem Ruin und Schaden unverantwortlich opiniatriret, hiermit ebenmässig und in specie heylig versichert wird, wie Wier denn der Stadt Reval und dem gantzen Fürstenthumb Ehstland, wenn sie in Zeiten unsere ihnen offerirte Gnade und gnädige Intention mit billiger und schuldiger Erkentlichkeit amplectiren, alle die Douceurs und Wolthaten, so wir dem Fürstenthumb Lieffland, und der darinn gelegenen Haupt-Stadt Riga, alsz welche Unsz bereits das Homagium praestiret und würcklich gehuldiget, zugewand, auch allergnädigst theilhafftig machen wollen.

Gleich wie nun Unser sinceres und gerechtes Propos zur endlichen, algemeinen Ruhe und Sicherheit unserer Reiche und der Benachbarthen, alsz auch zum glücklichen aufnehmen und Wollfahrt Ehstlandes gerichtet ist, also hoffen Wir auch von dem allgewaltigen Gott den beständig gesegneten Succesz unserer siegreichen Waffen und persvadiren unsz nicht allein von Einer Wohlgebohrnen Ritter- und Landschafft, sondern auch von der Stadt Revul, dasz Sie den Anblick ihrer Erlösung von dem Schwedischen Joche, darunter Sie lange haben seufzen müszen, gebührend werden erkennen. Uhrkundlich sind diese Universalien von unsz unterschrieben, und mit unserm Grosz Czaarischen Insiegel corroboriret. Datum St. Pietersbourg d. 16. Augusti St. vt. Anno 1710.

Петръ.

(L. S.)

Begleitschreiben des Fürsten Menschikoff
an die Stadt Reval vom 17. August 1710.

Nach im Rathsarchive zu Reval befindlichen Original auf Papier mit der eigenhändigen Unterschrift des Fürsten. Auf dem Couvert des Briefes das wohlerhaltene fürstliche Siegel und die Bemerkung „prod. in Sen: d. 29 Sept. Ao. 1710.“.

Gedruckt bei B u n g e, Quellen des Revaler Stadtrechts II, 372—374.

Hoch- vnd Woll Edle, Hoch- und Wollgelahrte, Hoch- vnd Wollweise Herren Bürgermeister vnd Rath, wie auch Sämptliche Löbliche Bürgerschafft.

Esz wird Einem Woll Edlen Rath vnd Sämptlicher Löblichen Bürgerschafft ausz denen durch diese Länder überall erschollene Nachrichten vorhin gnugsahm bekandt seyn, welchergestalt Se. Grosz Zarischen Mt., durch einen von dem Allerhöchsten Gott glücklich verliehenen Success dero victorieusen Waffen die Province Liefland sampt der Stadt Riga bereitsz vor einige Wochen conquétiret, auch von dem Lande sowoll alsz der Stadt die solenne Huldigung angenommen haben. Worauf auch die Festung Dunamünde ohne Gegenwehr sich ergeben. Welchemnach gleich wichtige Vrsachen, wie ausz beygehenden Allergnädigsten Universalien umbständlich kan ersehen werden, Höchstgedachte Se. Kayserliche Maytt. veranlaszet haben, Dero Gott Lob! Siegreiche Waffen nach Ehstlandt vnd gegen die Stadt Reval avanciren zu laszen. Wie aber Se. Kayserl. Maytt. in Christlicher vnd Allergnädigster Compassiou von Hertzen beklagen, dasz die guthe Stadt Riga durch vnbedachtsame Opiniatreté gewesenen dortigen General-Gouverneuren, in welcher Er iederman auf gewiszen Succurss vnd assistence ausz Schweden, wieder alle raisou vnd des Reiches bekandten Zustand, verleidlicher weyse vertröstet hatte, mit Feuer vnd forc eder Bomben hat müszen angegriffen werden [—] Wodurch esz geschehen, dasz sowoll Gottes- alsz andere publique vnd private Häuser übel zugerichtet, vnd die Einwohner der Stadt, zusampt deme ausz dem Lande dahineingeflüchteten Adel vnd Landt-Leuthe nicht allein umb ein groszes Theil ihres Vermögens vnd zeitlicher Wollfahrt gebracht worden, sondern auch viele Tausenden davon ihr Leben jämmerlich verlieren müszen. Welches doch durch zeitige Annehmung angebothener Gnaden hätte evitiret werden können; [—]

Also tragen Allerhöchstgedachte Se. Kayserl. Mt. eine besonders
gnädige Vorsorge vor die Conservation der Stadt Reval, vnd habe
Ich zu deszen kundbahrer Bezeugung, auf expressen Deroselben
hohen Befehl beygeschloszenes vnd mit Kayserlicher Hand vnd
Siegel vnterzeichnetes Exemplar der Universalieu Einem Woll
Edl. Rath vnd der Löbl. Bürgerschafft vngesäumet zustellen sollen.
Alle Weldt kan darousz Sr. Grosz Zarischen Mt. Christliche vnd
Gnädige Absicht zu Einstellung vnnöthigen Bluthvergieszens vnd
zu Abwendung alles Verderbensz von der Stadt vnd deren Eiu-
wohner vollenkommen bemerken. An Einem Woll. Edl. Rath
vnd der Löbl. Bürgerschafft aber lieget esz nun zu erwehlen,
wasz zu ihrem Heyl vnd Frieden dienen kan oder zu ihrem Verderben, mit welchem mehr Höchstgedachte Se. Kayserl. Mt. Sie
ingesampt so gerne verschonet sehen möchten, nothwendig ausz-
schlagen musz. Laszen Sie esz zu der Extremitet vnd einem
rigoureusen Bombardement vnd formeller Attaque kommen vnd
sich noch dazu gegen Sr. Zarischen Mt. Waffen in feindseliger
Gegenwehr betreffen, so können Sie leichtlich vorhero selbst das
tacit machen, dasz hernachmalen, wan solche Mühe vnd Kosten
würklich angewandt worden sindt, keine Gnade, alsz welche
man sonder raison vnd nur zu gefalleu vnnützer vnd vergeblicher
flatterien von Succurs oder Entsatz auszgeschlagen hat, mehr zu
hoffen seyn werde. Nehmen Sie aber zu ihrem beszcrem From-
men ein Exempel von der Stadt Riga vnd bequemen Sich zu
einer willigen Ergebung, weiln doch ihre resistence Sie nicht
erretten, sondern blosz zu ihrem ruin vnd Vntergange gereicheu
kan, so entgehen Sie nicht allein dem Verderben, welches icuc
betroffen, sondern haben auch sofort sich des würklichen Genus-
ses aller offerirten Gnaden, Ihrer alter Freybeiten vnd Privilegien,
vollenkommen vnd sicher zu getrösten, gestalten hierüber von
E. Woll Edl. Rath vnd der Löbl. Bürgerschafft forderseme posi-
tive Erklärung hiemit auszdrücklich begehret wird. Woneben
Ich verbleibe
Eines Woll Edlen Rathsz vnd der Löbl. Bürgerschafft
freundwilliger

Alexander Menschikow.

Wesenberg d. 17. Aug: Ao. 1710.

Sr. Hochfürstl. Durchl. Fürst Men-
tzikows Schreiben an den Rath vnd
die Bürgerschafft zu Reval.

Begleitschreiben des General-Lieutenant Bauer
an die estländische Ritterschaft vom 21. September 1710.

Nach dem im Ritterschafts-Archive zu Reval befindlichen Original auf Papier mit der eigenen Unterschrift Bauers. Ungedruckt.

Hoch und Wohlgebohrne
Besonders Hochgeehrte Herrn von der Ritter- und
Landtschafft des Fürstenthumbs Ehstlandt.

Wie ich eine sonderbahre Plaisir davon mache, wan ich E. Wohlgebohrne Ritter- und Landtschafft meine sincere Intention, womit derselben verbunden, worin am Tage legen kan, alsz habe auch voritzo keinen umbgang nehmen können denenselben gegenwärtiges Patent so mir von Ihro Grosz Czaarischen Maytt. blosz zu dem Ende zugestellet worden, dasz es nicht allein der Stadt Reval sondern auch allen und jeden Einwohnern dasz Fürstenthumb Estlandt unter wasz Condition und nahmen sie auch sortiren mögen bekand werde per copiam einzusenden; Wie nun E. Wohlgebohrne Ritter- und Landschafft ausz solchen Patent mit mehrern gnugsam ersehen werden, zu welchem gerechten absehen Ihro Grosz Czaarische Maytt. Dero Siegreiche Waffen in dasz Fürstenthumb Ehstlandt transportiren laszen, und mit welcher Clemence und sonderbahre Gnade sie obbenanten Fürstenthumb Allerguädigst zugethan, Alsz habe auch meines Theils E. Wohlgebohrne Ritter- und Landtschafft ausz einem ungefärbten gemühte hiedurch vor augen zu stellen höchstnötig zu sein befunden, welchergestalt dieselbe durch eine solche fruchtlohse trainirung der Submission Ihro Grosz Czaarischen Maytt. allergnädigsten Schutzes, welchem sich, wie weltkündig bereits nicht allein dasz gantze Lieff- und Ehstlandt nebst denen davon dependirenden Festungen bisz auf diesen ohrt, sondern auch neulichst desz Hertzogthumb Carelen und die Festung Kexholm unterwürffig gemachet auch würcklich alle Douceurs undt Marqves Dero hohen Protection nach wünsch genieszen, weiter nichtes effectuiren würden, alsz sich undt Dero Güther, welche noch biszhero so viel mögl. conserviren laszen, einem unumbgänglichen ruin exponiren, ja gar verlustig machen, weilen man darausz nicht anders alsz eine pure opiniatreté und leindtseeligkeit so sie gegen Ihro Grosz Czaarischen Maytt. in Dero gemüthern hegen würde absehen können, und also per conseqvence auch Dero Güther, welche ohne ihren Possessoren und rechter administration in unordnung verlaszen gäntzlich mitgenommen werden müszen, so aber noch alles, wan dieszelbe zeitig

(weiln man doch gnugsam weisz dasz solcher ohrt, so woll wegen der darin grassirenden Contagion, alsz keines ausz Schweden verhoffenden sonderl. ranforts sich nicht lange halten kan)
submittiren würden, verhütet werden könte. Welches E. Wohlgebohrne Ritter- und Landtschafft zu ihrer höchstnötigen nachricht hiedurch bekant mache, und zu allen dienstgefleiszigkeiten,
so nicht wieder das hohe Interesse meines Allergnädigsten Herrn
versichern wollen dasz allemahl sey

E. Wohlgebohrne Ritter- und Landschafft

dinst begieriger

Diner

Rudolf Felix Bauer.

Haubtqwartier
Harck d. 21. September
Ao. 1710.

Capitulation

der schwedischen Garnison in Reval

vom 29. September 1710.

Nach dem im Ritterschafts-Archive zu Reval befindlichen Originale auf Papier. Gedruckt bei Paucker, Wrangell's Chronik von Ehstland S. 179—195.

Accords Puncte

Welche von Ibro Königl. Maytt. von Schweden wohlbestallten General Major und Vice Gouverncuren Herrn Diedrich Friedrich Pattkull, bey übergabe der Königl. Stadt undt Festung Reval, benebenst den Thumb darselbst, an Ibro Grosz Czaarischen Maytt. wohlbestallten General Lieutenanten Ritter undt obristen, Herrn Rudolph Felix Bauer, zur ratification und vollenkommentlichen Festhaltung praetendiret worden.

1°.

Wird begehret, dass gemeltem Herrn General Major und Vice Gouverneur mit seiner gantzen Familie, Hauszgenoszen und Bedienten, Sie mögen seyn und nahmen haben, wer oder wie sie wollen, so balde Windt und Wetter es füget, nach eingegangenen und zur richtigkeit gebrachten, von beyden Seyten völlig untergeschriebenen diesen Capitulations-Puncten ein freyer und ungehinderter ausz- und abzug, von hier zu Schiffe nach Schweden gestattet, dieselbe allesambt und sonders an Ihren Persohnen in keinerley Weyse beleydiget noch gefärdet, auch Ihme den Herrn General Majoren und Vice Gouverneuren frey gelaszen werden solle, alle seine habende publique ambts Schriften und gepflogene Correspondence wie imgleichen, seine Ihm und denen Seinigen angehende Privat schrifften, fahrende Haab und Güther, sie bestehen,

Ad 1mum Punctum.

Wie dieser Punct in allem der Billigkeit Conform ist; alsz wird derselbe auch allerding accordiret, und dem Wohlgeb. H. General Majoren und Vice Gouverneuren alle selbst verlangte assistence zu seinem abzuge festiglich versprochen. Weilen Er aber ein eingeseszener Liffländischer von adell, reserviret man sich hiedurch woferne derselbe gäntzlich von hier nach Schweden wegzugehen intentioniret wäre, dasz er alszdann sich schrifftlichen zu reversiren hat, in Spatio einer Jahresfrist weder wieder Ibro Grosz Czaarischen Maytt. noch dero alliirten sich auf einigerley ahrt und weisze

worin sie wollen in Schapfen, Kupffern und Kasten, auch andern Behaltnüszen hineingelegt und verwahret, ungerühret, unaufgemachet undt unvisitiret, zugleich von hier mit ausz und abgefolget, keinesweges aber geplündert, oder auf was ahrt und weise, es immer gescheben kan, oder mag, umb dasz, wasz ihme oder denen Seinigen zugehörig, mögen angehalten werden.

2.

Wenn bey dieser jetzo grassirenden Contagion der Herr General Major und Vice Gouverneur, nach unterschriebener gegewärtiger Capitulation, nicht alsofort seine reise, über nach Schweden, antreten könte: So bedinget Er sich den winter über, mit seiner gantzen Familie und Hauszgenoszen, entweder allhier in der Stadt, in seinem qwartier, oder auch auf seinen Pfandtguthe Odenkatt, zu verbleiben und verspricht in nahmen und von wegen Seiner Grosz Czaarischen Maytt. der Wohlgebohrner Herr General Lieutenant Ritter und Obrister Rudolph Felix Bauer, Ihme alle sicherheit, so dasz er und die seinigen, vor Ihro Grosz Czaarischen Maytt. regulair und irregulair Trouppen, wieder allerley anfecht und beeinträchtigung aufm lande sicher seyn, auch wenn er endlichen seine reise nach Schweden fortzusetzen gesinnet, mit gnugsahmen Paszporten solle versehen werden.

3o.

Die biszher alhier gestandene Kö-

in Dienste einzulaszen. Solte obbenanter Herr General Major und Vice Gouverneur aber allhier im lande auf seinen Güthern verbleiben und Ihro Grosz Czaarischen Maytt. alsz seine Hohe obrigkeit in unterthäniger Devotion agnosciren wollen, wird ihm ein solches Zurückbleiben accordiret, wiedrigenfals aber der abzug nach Schweden wohl erlaubet, jedoch dabey angedeutet, dasz er dadurch sich aller seiner in Ehstlandt und Liefflandt habenden Güther, alsz ein Liefländer wird verlustig machen.

2.

Dieser Punct wird dem Wohlgeb. H. General Majoren und Vice Gouverneuren völlig nachgegeben und seinem arbitrio anheim gestellet, entweder gleich nach Schweden mit wegzugehen, oder allhier in der Stadt oder auf seinem Guthe, solange es Ihme beliebig, zu verbleiben, nur dasz darbey, woferne Er gäntzlich nach Schweden weg gehen wollte, die angehängte reservation in 1o. puncto in ihrem vigore verbleibe.

3.

Dieser Punct wird im al-

nigl. Schwedische Milice, so woll bey der artillerie alsz auch bey den Fortifications Estaat, Cavallerie und Infanterie, bestehende im Regimenter, Bataillone oder Compagnie ober- und unter-offciren, Stabsbedienten, Priestern, Auditeuren, Trompetere, Hautboisten, Tambours, Pfeiffer und Gemeine, in Summa alle die in dieser guarnison, bisz hierzu gewesen und dazu gehören, insonderheit aber die trouppen welche jungst zum Succurs ausz Schweden anhero gekommen, accordiren für sich, nach Krieges mannier, den andern tag nach diesen unterschriebenen und aggreirten accords Puncten einen freyen und ungehinderten auszmarch, durch die grosze Strandt Pforte, mit klingenden Spiel, fliegenden fahnen und Estandarten, mit allen fertigen ober und untergewehr, Kugeln im munde, und bey sich habende 12 st. fertigen Patrouen undt 8 Canonen auch zum Spiel gehörigen Instrumenten, mit Ihren Frauen Kindern und gesindes Leuten, gezelter und allerhand Bagagie nichts auszgenommen, gerades weges nach dem Haffen zu, alwor zuforderst die zum Succurs angekommen Königl. Schwedischen Völlcker, Sich auf die fertig liegende Schiffe begeben, die übrigen aber welche nicht auf die Fahrzeuge raum haben möchten, marchiren nach dem Hoffe Wieme, darselbst und auf denen darherumb liegenden güthern und dörffern, in so lange stille zu liegen, bisz so viele Schiff und Fahrzeuge angeschaffet werden, dasz dieszelbe und allso die gantze rest der gvarnison zu wasszer hinüber nach Schweden gebracht werden könne. Für die Krancke aber und welche nicht zugleich mit Emberqviret werden können, bedinget man, dasz denenszelben und für dero, bey Ihnen mit zurückbleibenden officiren, Feldscher und Bedienten, besagtes Guht Wiems mit seinen Dörffern, und wen solche nicht verschla-

lem umb so viel mehr völligst placediret, weiln man guugsame nachricht hat, dasz die Schwedischen National Völlcker, meistentheils mit denen Ihrigen zu Schiffe emberqviret, nach Schweden wegzugehen. Der guarnison wird nach Krieges manier mit klingendem Spiel, fliegenden Fahnen, Estandarten, mit allem fertigem ober- und untergewehr, Kugel im Munde, 8 st. fertige Patronen und 6 Canonen, der freye auszmarch durch die Strandt Pforte nach den Haffen accordiret, nur dasz alle und jede hohe und niedrige Militair und Civil-Bediente, welche natione Lief- und Ehstländer seyn, sub Confiscatione bonorum, auf Ihre Höffe, Häuszer und Wohnungen zurück bleiben müszen. Wasz die Krancken so da nach bleiben möchten, anbetrifft, wird schon gesorget werden, dasz Sie sowohl an unterhalt alsz medicamenten auch benöhtigten Schüszungen keinem mangell unterworffen seyn sollen.

gen, andern benachbarte gelegenhei-
ten, in so lange ungestöret gelaszeu
werden, bisz sie reconvalesciret und
denen andern, über Waszer folgen
können: Auch dasz inzwischen so woll
der gantzen gvarnison alsz denen zurückbleibenden Krancken, officirer,
Feldtscher und Bedienten, Medicamenta,
unterhalt und die auf der reise be-
nöhtigte Lebensmittel auf 6 wochen
lang, nach der Königl. Schwedischen
Marche-ordonance, ausz Ihro Grosz
Czaarischen Maytt. Cassa und dero
Magazin wie imgleichen auch, noht-
dürfftigcn Schüsze gereichet und gegeben werden möge.

4.

Ihro Grosz Czaarischen Maytt. Milice soll alsofort nach geschehner unterschrifft und auszwechszelung dieser
Capitilations articuln, aufm thumb
die thumsche pforte, zum einmarche
und besetzung der Haubt und besagter
Pforte-Wachten, auch in der Stadt die
Lehmpforte, nebst anderen kleinen
thoren, zu besetzung der wachten,
auch derer darzu gehörigen auszer-
und innren-Wercken, eingeräumet werden, und wan solche besetzung der
Pöste geschehen, wird die dieszeitige Königl. Schwedische Milice, alsofort von Ihro Grosz Czaarischen Maytt.
mit zulänglichen unterhalt und lohn,
nach Schwedischen gvarnison Staat
unumbgekürtzet, und ohne eine Stunde
davon mangel zu haben, in guthen
genieszbahren Persehlen versehen. Den
andern Tag aber, nach abgeschloszenen dieszen accords Puncten, und so
lange bisz diese Schwedische milice
die grosze Strandtpforte, mit behöriger wache besetzet, noch inne hat,
wird derselben ohne unterscheidt und
ansehen der persohnen, auf einer so
kurtzen Zeit, Sich die freyheit, Ihrer
noch habenden qwartierer zu bedienen, in der Stadt herumb, und in der
Vorstadt ausz- und einzugehen und

4.

Dieser Punct wird in allem
völlig placediret und der
Schwedischen gvarnison, so
bald von Ihro Grosz Czaa-
rischen Maytt. Trouppen
die veraccordirte thoren
besetzet, innerhalb 24 Stun-
den, in der Stadt ihrer ge-
schäfte wegen unweiger-
lich ein und auszzugehen,
die freyheit zugestandeu,
wenn der wind aber con-
trair wäre, und keine zu-
längliche Fahrzeuge hät-
ten, dasz Sie fortkommen
könten, sollen Sie an einen
gewiszen ohrt in denen Vor
Stätten so lange subsisti-
ren, bisz Sie fort kommen
können.

dasz Ihrige zu bestellen, expresse
vorbehalten und bedungen.

5.

Im fall einige von der auszzu-
marchirenden Königl. Schwedischen
gvarnison, es sein hohe und niedrige
officiren, Artollerie, Fortification oder
Staabs Bediente und gemeine, wer es
wolle, Ihre Bagagen, Mobilien und
Sachen, nicht solten zugleich mitfüh-
ren können, so capituliret man, dasz
ihnen freyheit gegeben werden möge,
entweder selbige an den meistbiethenden, nach eigenen gefallen, zu ver-
auszern, oder selbige bey jemanden
in der Stadt zu deponiren und bey
gelegenheit nach- und weg zu holen,
und dasz, wan selbige weggeholet
werden, solche sodan unvisitiret und
ungerühret auch unberaubt, ohne auf-
legung eines Zolles oder recognition,
gefolget werden mögen.

5.

Accordatur.

6.

Denen H. officiren sowohl alsz
gemeine von der Königl. Schwedischen
gvarnison, müssen auch Ihre Victua-
lien und Hausz Pro ision, Persehlen,
sie mögen nahmen haben, wie sie wollen, nicht allein wehrender ihrer anwesenheit alhier, sondern auch beym
ausz- und abzuge, ohngeschmälert und
ungezwungen auch unvisitiret zu ihren eigenen Besten und Nutzen gelaszen, denenszelben auch, Wasz sie
noch einzukauffen nöhtig haben möchten, ungeweigert werden.

6.

Dieser Punct wird völlig
Placediret.

7.

Accordiret man auf Seiten dieszer
Königl. Schwedischen Milice, dasz keiner es sey wer es wolle, weder gemachten publiqven noch Privat Schulden halber, Sie rühren her oder haben
nahmen wie sie wollen, arrestiret,
oder in seinem ausz und abzuge möge
gehindert werden, sondern dasz die
Creditores mit solchem Ihren Schuld-

7mo.

Wasz die Particulair Schulden betrifft, werden Sich
die Interessenten über die
Versicherung und desz ter-
mins vereinbahren.

nern zu Liqvidiren, und von Ihnen so
dan saubere obligationes anzunehmen,
Schuldt mit Schuldt Conpensiren zu
lasszen oder ausstehende qwartiergel-
der in Solutum zu acceptiren schuldig
und gehalten sein sollen.

8.

Wan die dieszeitige Milice ihre in
obgesagten 3ten §. veraccordirete 8 Ca-
nouen und die Herrn Regimentz- Com-
pagnie- anch ober- och unterofficirer
nebst gemeine, sich mit Ihren fertigen
ober- undt untergewehr, Krant undt
Loht, deszgleichen mit Patronen versehen und zum abmarche zu sich genommen haben; So will der Herr General Major und Vice Gouverneur die
hier befindtlichen Pullver Thürme, alles darin verhandene Pulver und am-
munition nebst der archelie und den
darinnen verhandenen Montirungs Sor-
ten, wie auch alles grosz und kleine
geschütz, an Ihro Grosz Czaarischen
Mtt. einkommende und dazubestalte
officianten unter einer Pertinenten Specification anweisen und abliefern laszen:
Auch sollen entdecket und angewiesen
werden, wo und an welchem ohrte,
die umb und bey dieser Festung gemachte Minen, mit ihren Vocaden an-
zutreffen. Worentgegen man auch des
Vertrauens lebet, Es werde von Ihro
Grosz Czaarischen Maytt. seiten in
keinerley wegen, diese anszzumarchi-
rende Gvarnison und alle diejenige
so entweder alsofort oder auf eine
Zeit hernach ausz und nach dem Lande
reiszen, ebenfalls nicht geschadet noch
auf- und angehalten werden.

8.

Dieser Punct wird excepto,
dasz in den 3ten §: nur 6
Canonen und 8 fertige Pa-
tronen zugestanden, alles
völlig Placediret.

9.

Es wird auch expresse verabhandelt, dasz im würenden Sejour
oder Emberqvement, Kein Solldath
zu Rosz und fuesz, Hohes oder niedrigen Standes unter einigen fürwand,
von jemand aufgehalten, angegriffen,
oder auf einigerley weisze mit gewalt

9.

Dieser Punct wird zwar in
so weit Placediret, nur
dasz diejenigen Persohnen
welche ausz freyem willen
zurücke bleiben und ent-
weder Ihro Grosz Czaari-
schen Maytt. dienste su-

oder list weg genommen, persvadiret und abspenstig gemachet werden solle, und wan etwan einer zu desertiren trachten würde, sein eigener und nechster officir ihn in der guthe, oder fals selbige nicht zureichlich mit Violence davon abzuhelffen, Keines weges gehindert oder molestiret werden möge.

10.

So behält auch in würendem Sejour der Herr General Major und Vice Gouverneur mit seinen Herrn officiren das Competirende Commendo nebst der Justitz über die Königl: Schwedischen Völcker, undt Verspricht der Herr General Lieutnant Ritter und obrister auf Ihro Grosz Czaarische Maytt. seiten, die bey sich habende gefangene, so vor oder wehrender Belagerung dieszer Stadt undt Festung, von Ihro Grosz Czaarischen Maytt. Trouppen gefangen worden, auszzuliefern gleich wie auch solches von dieser seiten, eben so viel, wan sich noch welche finden solten, und in gleicher qvalität leuten geschehen soll.

11.

Wird vor der hiesigten Königl: Schwedischen Guarnison, nicht weniger auch vor die Hohe und niedrige officirer, wie ingleichen vor die officirers Frauen, Wittwen und Wayszen, Item vor die Königl: Civil Bediente, alles daszjenige bedungen, wasz der Königl: Gvarnison und Civil Bedienten zu Riga und Pernau ist bedungen und verabhandelt worden nämlich dasz denenszelben alles und jedes, gleich alsz wan esz allhier specialiter von wort zu wort eingführet wäre, zu statten kommen und Sie alle Conditiones, so weit sie sich anhero qvaderiren, zu guthe zu genieszen haben

chen oder sonsten private Handtierung treiben wollen, Sie mögen heimlich oder öffentlich zu unsz kommen, Keines weges zum abzuge mitobligiret werden können, und müszen insonderheit alle national Lief- und Ehstländer, wie im 3ten §. erwehnet, nebst der Ehstnischen Adels-Fahnen allhier zurücke bleiben.

10.

Dieszer Punct wird völlig accordiret.

11.

Dieszer Punct wird in allen dergestalt zugestanden, wie esz in der Rigischen und Pernauschen Capitulation accordiret worden.

sollen, insonderheit aber stehet denen
Königl: Civil Bedienten, so wohl ab-
wäsenden alsz gegewärtigen frey, dasz
Sie Ihre Beweg- und unbewegliche
Gühter, Hänszer, Gärten, hypotheqven,
forderung und mobilien, in einer Zeit
von 1 Jahr und 6 Wochen, an den
meistbiethenden verkauffen, oder an
andere übertragen, und alszden frey
und ungehindert, ohne dasz von Ihnen
etwas gefordert werde, esz geschehe
unter wasz für einen Vorwand es
wolle, entweder nach Schweden oder
Teuschland, Sich mit den Ihrigen,
wenn sie selbst nicht allhier verbleiben wollen, begehen können. Inzwischen aber werden sie in Ihren gühter und Häusern unperturbiret gelaszen, fals es Ihnen nicht beqwehm
fallen möchte noch diesem Herbst wegzuziehen.

12.

Praetendiret man auch, dass in
Religions Sachen Keine veründerung
gemachet, sondern Prediger, Kirchen
und Schul-Bediente, so wohl im Lande
alsz Städten und aufm thumb, Ihr
ambt wie sie darzu die unveränderte
Augsburgische Confession verbindet,
allemahl verwalten und keines weges,
darvon verhindert werden, wie man
sich den deszfalls auf den 18 punct
der Pernauschen Capitulation beziehet
und alles daszjenige begehret haben
will, wasz darszelbst in Kirchen Sachen,
ist verabhandelt worden.

12.

Dieser Punct wird in allem
accordiret.

13.

Dasz die reine Evangelische Lehre,
so wie sie in der Heyl: schrifft ver-
faszet und der augsburgischen Confession und denen Libris Symbolicis
enthallten, in hiesigen gantzem lande
ungekränckt Conserviret werde, und
dawieder keine Hindernüsze noch Eindrang auf eynigerlei weyse geschehe,
auch jede Kirche in dieszem gantzem
Hertzogthumb der biszher zu selbiger

13.

Die Desideria der Herrn
Geistligkeit werden bisz
aufm 17: § in allen Völlig
accordiret.

gehörigen gemeinde zur auszlibung
des Evangelischen und biszher gebräuchlichen Gottes Dienstes beständ-
dig nebst allen deneuszelben gehörigen
Zierathen gelaszeu auch alle biszher
übliche Ceremonien nach alls vor
beybehalten werden.

14.

Dasz Seine Grosz Czaarische Maytt.
die gantze Priesterschafft ins gemein
und eineu jeden insonderheil in dero
Specialcn allergnädigsten Schutz nehmen, auch so Jemand ansz selbiger
biszhero etwas gethan hätte, so zu
höchstgedachter Grosz Czaarischeu
Maytt. miszfallen auf einigerley weyse
gereichet were, dasz solches alles gnädigst verziehen und per amnestium
gehoben sein solle.

15.

Dasz jeder Priester bey seiner
anvertranten gemeine, nach alsz vor
bleiben nnd daszjenige, wasz einem
jedem Zeit wehrender Regierung dero
Glorwürdigsten Könige in Schweden,
von ambts oder rechtswegeu zuge-
kommen und entweder nach biszheri-
ger usance oder laut seiner Vocation
an Gerechtigkeit und Accidentien zukommen, noch hinführo unverkürtzt
zugenieszen haben, Keiner aber be-
fügt sein solle solches eigenthätiger
weysze zu schmälern oder zu endern.

16.

Dasz sämptl: Priesterschafft und
ein jeder insonderheit aller derer Immunitäten und gerechtigkeiten zugenieszen haben solle, welche die Kö-
uigin in Schweden Christina glorwürdigsten andeuckens und (sic, lies: in)
dero deszfalls gedruckten und erthcil-
ten Privilegiis dem gesammten Geistl:
Stande ertheilet hat. oder mit welchem
sie in der Königl: Schwedischen Kir-
chen-ordnung oder andern Königl: resolutionen begnadiget worden.

17.

Dasz die Mittel derer Kirchen, des Landt- Priester- Wittwen Fisci, die Legata und andere ad pios usus destinirte mittel samt den Kirchen-Geräthe u. Eigenthumb mögen priviligiret bleiben und auf andere usus nicht können noch sollen verwandt werden.

18.

Dasz die Priester wegen Ambtes-und Kirchen Sachen und wasz von selbigen dependiret nach hiszheriger usance vor keinen andern Gerichte alsz den Geistl: Consistorio sollen belanget und geuhrtheilet werden, auch dasz Praepositi und die Consistoriales wie biszhero, wasz zu der Kirchen Wohlstand erfordert wird beobachten und die Priesterliche Ambts und Kirchen Sachen Dijudiciren und abuhrtheilen mögen.

18.

Dieser Punct bleibet bey der alten usance und gewohnheit.

19.

Wen jemand von der Priesterschafft anderswor-hin sollte vociret werden, oder auch wegen seiner Gesundheit in (sic, lies: und) anderer wichtigen angelegenheiten halber nach andere ohrten verreiszen wollten, dasz Ihnen solches nebst denen Ihrigen nicht geweigert oder sie an der Reise gehindert werden.

19.

Weilen dasz landt ohne dem einen groszen mangel an Priestern hat, wird ein jeder von selber darnach sehen, lieber bey seiner gemeine zu verbleiben, als sich anderwerts wegzubegeben. Solte doch jemand mit avantage anders wohin vociret werden, kann man solchem seine fortune nicht vorenthalten, wann er aber in seinen eigenen privat Angelegenheiten verreiszen würde, musz er allezeit einen andern in seiner stelle hinterlaszen.

20.

Alle Glocken, die orgeln und Cronen in Kirchen, Goldt, Silber, Geldt, Kupffer, Meszing, Zinn, Bley und wasz mehr an metall, so Publiq alsz privat und wasz in denen Kirchen befindlichen seyn kan, wie auch die darinnen verhandene Gräber, werden denen eigenern, Sie sein Edelleute vom Lande, Civil bediente oder Bürger in der Stadt und aufm thumb, ohne ab-

Ad Punct: 20ᵐ.

Dieszes wird Völlig Accordiret.

kürtzung und ohne einige auflagen
gelaszen.

21.

Wenn einige Militair oder Civil
bediente, belieben tragen möchten unter Ihro Grosz Czaarischen Maytt.
Hohen Schutz zu verbleiben; So wirdt
vor ihnen bedungen, dasz ihre Häuszer, Gärten und Plätze aufm thurnb
und auszerhalb der Vestung oder im
der Stadt belegen, mit keiner ein-
qwartirung, Contributionen, Wachten,
Arbeits tagen, Schüszungen und dergleichen, weiln in sothanen Häusern
keine Bürgerliche nahrung getrieben
wird, beleget und graviret, sondern
wieder alle zudrängligkeiten, einqwar-
tirungen und andern Bürgerlichen auflagen, befreyet sein sollen. Und gleich
wie die Militair- und Civil bediente,
zu ihrer eigenen Hauszes nohtdurfft,
freyes backen, brauen und brennen,
ohne Erlegung einiger accise, genoszen;
So verhoffen sie auch bey solcher freyheit geschützet zu werden.

21.

Dieser Punct wird gleich-
fals placediret, und bleibet's
bey der alten gewohnheit.

22.

Esz bleiben auch alle obligationer
und Pfandtverschreibuugen so wohl
publiqe alsz private, item alle rechtmäszige Pacta Transactiones und Contracten, wie imgleichen alle Immissiones und die Judicat gewordene Sachen, bey ihrer undisputirlichen richtigkeit, gleich auch sollches alles al-
schon in der Rigischen und Pernauschen Capitulation, von Seiner Grosz
Czuarischen Maytt. seiten, gebilliget
worden, wannenhero man sich auf
solche Capitulationes allerding bezo-
gen, und alles und jedes mit zugenieszen nochmalen reserviret haben will,
wasz darinnen dem ein und andern
Stande zum besten und so weit esz
sich anhero qvaderiret, eingefürct ist.

22.

Dieszer Punct wird ad normam der Rigischen und
Pernauschen Capitulation
völlig Consentiret.

23.

Vor diejenige Persohnen, welche

23.

Wasz diesen Punct betrifft,

Ihro Königl: Maytt: und der Hochl: Cron Schweden, auf reducirte güther, einige Mittel an Geldt, Getreyde und anderen Persehlen, entweder selbst vorgeschoszen, oder auf Tertial- arrende güther, an Privat Persohnen, einige gelder Pfandes weisze gegeben, wie imgleichen vor Privat Persohnen ihre schuldig gebliebene Arrende restantien an getreyde und geldt dem Publico entrichtet haben und darauf, in den Possess einiger güther, bona fide gekommen sein, wird accordiret, dasz solche Possessores nicht eher depossidiret werden mögen, bevor sie ihre Capitalien, vorstreckungen der Bauerschafften und meliorationes Kosten, nach geschebener gühttlichen oder gerichtl: Liqvidation, entweder abgerechnet haben, oder auch von denen, welche die güther erblich wieder bekommen solten, Contant befriediget worden.

musz eine solche Sache wenn sie privat und kein der Crohn vergestreckte Gelder angehen, vom ordentlichen gerichte decidiret werden, unter deszen bleibet der Possessor, ehe darüber eine gerichtliche Decision ergangen, bey seinem geruhigen Possess.

24.

So bedinget man auch, dasz die aufm thumb und auf der Schlosz Jurisdiction wohnende Bürgerschafft, alsz welche mit der Bürgerschafft in der Stadt, nichts zu thun hat, sondern von derselben gantz Separiret ist, bey Ihren wohlerhaltenen Privilegien möge mainteniret werden, auch dasz das Burg Gerichte, welches jurisdictionem über alle Publique güihter, deren Possessoren und bauerschafften im lande, in Civil- und Criminal Sachen, wie imgleichen über die aufm thumb und dem Schloszgrunde, wohnende bürgerschafft unterm Praesidio des Statthalters gerichte exerciret im Stande bleibe. Ihro Grosz Czaarischen Maytt. werden aber allergnädigst geruhen, denen assessoren und Ihren Praesidenten nebst andern bedienten, dieses gerichtes einen zulänglichen lohn zu bestehen, weilen Ihro Königl: Maytt. von Schweden solch gericht biszhero Salariret haben.

24.

Weilen Ihro Grosz Czaarische Maytt. in dero allergnädigsten universale versichern, dasz alles bey denen alten Privilegiis verbleiben soll: Alsz hat esz auch darbey sein billiges bewenden, und wird wegen Salurirung des gerichts, Ihro Grosz Czaarische Maytt. gnade imploriret werden müszen, welche sich dan darzu, schon allergnädigst erklären werden.

25.

Wird expresse accordiret und praecaviret, dasz, wen wieder alles verninhten, einer oder anderer in- oder auszerhalb Militair oder Civil-diensten, adellichen oder Bürgerlichen Standes, Hier solte vorhanden sein oder gefunden werden, der, vor, in oder werender Krieges-Zeit, Ihro Grosz Czaarischen Maytt. Hoheit Selbsten, oder dero Trouppen ins gemein oder jemanden in Specie beleidiget, oder auf wasz vor ohrt und in wasz vor regarde es geschehen sein möchte, etwas übeles zugefüget hätte, dasz solches an denselben in Keinerley weyse gerochen, noch derselbe deszfalls zur Rede gestellet werden, sondern solches vergeszen sein und derselbe Ihro Grosz Czaarischen Maytt. Hohen Schutzes und Protection, Er sey entweder des vorhabens, nach Schweden wegzuziehen, oder hier in lande zu bleiben, in der that, zu genieszen haben möge.

Bleibet bey der Pernauschen Capitulation §. 15.

26.

Weilen E: Hochwohlgeb: und Wohlgeb: Ritterschafft, wie Imgleichen E: Wohl Edl: und wohlweiszer Raht der Stadt und allso ein jederer Staudt vor sich selbst accordiret; So wird nur dieses von dem II: General Major und Vice Gouverneur Königl: Schwedischer seiten begeret, dasz Ihro Grosz Czaarische Maytt. möchten ersuchet werden, dieser Stadt und Hertzogtumb Ehstland mit einer der Teutschen sprache wohl kündigen Gouverneuren gnädigst zu versehen, auch eine teutsche Cancelley halten zu laszen, darmit allewegen unbekanter Sprache, besorgliche Irrungen und ungelegenheiten können verhütet werden.

26.

Weilen dieszes Hertzogthumb Ehstland und die Stadt Reval in lauter Teutschen Einwohnern bestehet; Alsz ist es nicht mehr den der Billigkeit conform, dasz nicht allein ein teutscher Gouverneur allhier dasz Gouvernament habe, sondern auch die teutsche Cancelley beybehalten werde. Hoffe auch, dasz Ihro Grosz Czaarische May: an welche deszfalls Specialiter zu Suppliciren verspreche, solches allergnädigst eingehen, und consentiren werden.

27.

So wird auch von Seiten Ihro Grosz Czaarischen Maytt. die versicherung auszdrücklichen begeret, dasz

27.

Dieser Punct kan beyderseits Hohen Potentaten bey künftig erfolgenden frie-

diese übergabe der Vestung und Stadt Ihro Königl: Maytt. zu Schweden, meinem allergnädigsten König und Herrn, in dero hohen rechte, Praetensionen und Königl: Praerogativen in Keinem Stücke praejudiciren oder nachtheilig sein möge, wie auch, wenn durch einen erfolgenden frieden, diese Stadt und Vestung Reval nebst den thumb unter Ihro Königl: Maytt. von Schweden Devotion wieder gelangen solte, dasz alles so anjetzo nach denen Inventariis hier gelaszen werden müszen, vollenkommentlich restituiret werden möge.

28.

Hierneben müszen auch diesen accord gemäsz, alle und jede so wohl Militair alsz Civil-bediente, Edelleute und Bürger ausz denen Landt Städten bey ihren verbleib in der Stadt oder belibigen ab- und zureiszen aufm lande, von allerley überfall und gewalt derer Trouppen vor Ihro Grosz Czaarischen Maytt. und dero alliirten, so gantzlich gesichert seyn, dasz Ihnen auf nirgend einerley weisze keine incommodität, behinderungen und verdrusz, so wohl vor Ihre Persohnen, alsz mit folgenden oder an Ihren Haabseeligkeiten, zugefüget, sondern durch anordnung des Wohlgeb: Herrn General Lieutenant Rittern und Obristen alle disordre, bey allen dero regulair und irregulair trouppen, gehemmet und gesteuret werden, dergestalt, dasz alle und jede und ein jedweder insonderheit in Städten, flecken und güthern im lande, ja auch der allergeringste bauer, in seinem gesinde, Ihro Grosz Czaarischen Mtt. hohe Gnade und versprochene Heylige Sicherheit, vermöge desz auszgegebenen Hohen Kayserlichen Patents Datiret St. Pettersburg vom 16. aug: anni praesentis, völlig zugenieszen haben solle.

29.

Solte oder könte esz sich auch

den und deszen Tractaten lediglich überlaszen werden.

28.

Wird alles völlig Placediret.

29.

Weiln dieser Punct der

zutragen, dasz einer oder der andere, wieder seine Schuldigkeit, treue und Ihre Grosz Czaarische Maytt. Hoheit handeln und etwas verbrechen möchte; Soll derselbe deszwegen in foro Competenti gestraffet, keines weges aber auszer eines ordentlichen uhrteils angesehen werden. Und werden eines solchen Delicti halber, diese verabhandelte puncta nicht gebrochen noch gehoben, sondern sie bleiben in ihren völligen vigieur.

billigkeit gemäsz: Alnzo wird Er auch völlig accordiret.

30.

Bedinget man sich nach unterschrifft dieser Capitulation alsofort einen oberofficir nach Stockholm zu übersenden, der von diesem allen nachricht überbringe und wird derselbe von Ihro Grosz Czaarischen Maytt. seiten mit reise geldt und Pass versehen werden.

30.

Accordatur.

31.

So praecavire und bedinge auch auf dasz nachdrücklichste und kräfftigste, dasz alles daszjenige, so anitzo accordiret worden, punctuel und richtig soll gehallten und ausz keinerley ursachen, einige Schwierigkeiten sollen gemachet werden: Auch dasz Ihr Grosz Czaarischen Maytt. alles selbsten zu confirmiren, allergnädigst geruhen wollen.

31.

Wird der billigkeit gemäsz eingegangen und Placediret.

Alle diese obangeführte Puncten, wie sie in gegenwärtiger Capitulation von mir accordiret und eingegangen worden, versichere Ich festiglich, dasz dieszelbe in allen und jeden stücken und Clauzulen, ohne einige exception unverbrüchlich gehalten, auch Ihro Grosz Czaarischen Maytt. Selber allergnädigst zu ratihabiren geruhen werden. Zu welchem Ende zwey gleichlautende Exemplaria verfertiget und von beyden theilen eigenhändig unterschrieben und versiegelt werden sollen. So Geschehen im Haubtqwartier zu Harck den 29 September Anno 1710.

Rudolff felix bauer. (L. S.)

Ihro Grosz Czaarischen Maytt. Meines allergnüdigsten Herrn bestalter Gene-

Weiln der Herr General Major undt Vice - Gou-

ral Lieutenant von der Cavallerie Ritter des Weiszen Adlers, Obrister über dasz Löbliche Kiowische Dragouner Regiment, und Commendeur über die bey Reval stehende trouppen.

verneur in einer schweren Kranckheit verfallen, so gar, dasz Er Keine feder führen Können; Alsz wird seinetwegen diese obenstehende Capitulation von sämptl. obristen unterschrieben.

Nieroth   (L. S.)

Otto Rehbinder   (L. S.)

Bogisla. v. d. Pahlen (L. S.)

B. Johan Mellin mpp. (L. S.)

Capitulation

der Stadt Reval vom 29. September 1710.

Nach dem im Rathsarchive zu Reval befindlichen Original auf Papier.
Gedruckt (nicht nach dem Original) bei B u n g e: Quellen des
Revaler Stadtrechts II, 374—383.

Puncta

worauf die unter Ihro Königl. Maytt. und des Reichsz
Schweden bizherigem Schutz gestandene Stadt Reval
unter Ihro Grosz Czarischen Maytt. Schutz sich zu ergeben gesonnen, wenn dieselbe ratificiret werden und
vollkömlich derselben fest zu halten, die gnädigste Versicherung gegeben wird, selbige bestehen darin

1.

Demnach Ihr Grosz Czarische
Maytt. Petrus der 1. Czar und Imperator aller Reuszen, in dero gegebe-
nem und den 16. Augusti dieses Jahres zu Petersburg datirtem, nun com-
municirtem und kund gewordenen Universal die heilige Versicherung dieszer Stadt ausz besonderer Gunst und
Gnade thun, dasz sie ohne einige Innovation nebst der bisz hierzu üblichen Evangelischen Religion dieszelbe
bey ihren alten Privilegien, Freyheiten, Rechten und Immunitäten heilig
zu conserviren und zu erhalten, und
noch mit ampleren und herlichern,
nach Gelegenheit zu vermehren gesinnet sind, so nimmt E. E. Raht und
die Gemeine der Stadt Reval durch
göttliches verhängnisz dazu bewogen,
solches gnädiges Erbieten in unterthänigem und schuldigem Respect an,
und halten sich gäntzlich versichert,
dasz von Ihro Grosz Czarischen Maytt.
vor sich und ihren hohen Successoren
ihnen alle von denen Königen in Dännemarck, von denen Hoch Meistern,

1.

Wie Ihro Grosz Czarische
Maytt. E. Edl. und Hochw.
Raht und Ehrszahmen Bür-
gerschafft der Stadt Revall,
alles desiderirte in dero
letzten universall allergnädigst versichert, als wird
auch dieszer Punct in allen
stücken, ohne einige Ex-
ception, völligst accordiret
und eingegangen.

Herren Meistern, Königen in Schweden von Zeiten zu Zeiten der Stadt und ihren Einwohnern gegebene privilegia, pacta, Immunitäten, Freyheiten alle wohl hergebrachte christlöbl. Gewohnheiten, Königl. Resolutiones in genere und in specie sowohl in spiritualibus als temporalibus werden confirmiret, und zu allen Zeiten nach dem Wortverstande ohne einige andere Deutung fest gehalten werden.

2.

Wird auf das Kräfftigste praecaviret, dasz das biszhero gebräuchliche Exercitium Religionis evangelicae nach dem heiligem Wort Gottes der ungeenderten Augsburgischen Confession und andern libris symbolicis in allen Stadts Kirchen ungehindert verbleibe, und Niemand weder von Predigern, noch andern Kirchen Bedienten noch sonsten Jemand bey verrichtung des albie gewöhnlichen Gottesdienstes verunruhiget werden.

3.

Dasz denen Stadts Kirchen und Schulen von ihren Zierrahten, Glocken, Orgeln, anderem Eigenthum und Einkünfften, nichtes entzogen sondern alles ohne die geringste verschmälerung gelaszen, und die Priester und Schulbedienten, so nun dabey ordiniret sind, oder künfftig ordiniret werden möchten, bey ihren Salariis und Einkommen conserviret werden, auch Ihnen frey stehe, wenn sie von Hier anders wohin solten vociret werden oder ihrer Gesundheit und wichtiger anderer Angelegenheiten halber verreiszen wolten solches nebst den ihrigen zu verrichten.

4.

Dasz der Stadt das zu derer Herren Meister Zeiten gehabte, unter die hochblöbliche Crohn Schweden gebrachte und unter dero Schutz in 130

2.

Accordatur.

3.

Dieszer punct wird der Billigkeit nach placidiret und dehnen Priestern, wan sie anders wohin solten vociret werden, die Freyheit deszen unweierlich gelaszen, solte aber einer oder der ander seiner privatangelegenheiten wegen, wohin verreiszen wollen, musz in deszen Stelle allezeit einer zurück bleiben.

4.

Weillen Ihro Grosz Czarische Maytt. der Stadt Revall alle Ihre vorige privilegia und Immuniteten

Jahren ohn Contradiction frey exercirte jus episcopale nach vorigem altem Gebrauch, sowohl in Consistorialibus, alsz andern dem juri episcopali anhangenden actibus bey allen Stadts-Kirchen und Schulen zu exerciren und in allen Stücken auszuüben die unumgeschränckte Freyheit wieder gelaszen werde.

vollenkommen genieszen zu laszen, Sich allergnädigst veranlaszet, als werden Sie auch dasz jus Episcopale, sowoll in Consistorialibus, alsz andern dem juri Episcopali anhangenden actibus in allen Stücken zu exerciren und auszzuüben, derselben wiederumb die unumbschrängte Freyheit gönnen.

5.

Weil Zeit wehrender Schwedischen Regierung in dieszer Stadt ein Gymnasium zu guter Erziehung der Jugend angeleget worden, und jährlich zu Salarirung derer daran arbeitenden Professoren und Collegen von Ihr Königl. Maytt. von Schweden ausz den Einkünfften dieszes Landes 1200 Rthl. gegeben, so wird unterthänigst gebeten, dasz auch Ihro Grosz Czarische Maytt. solches zu thun in Gnaden Belieben mögen.

5.

Demnach Ihro Grosz Czarische Maytt. ohne dem, denen Gimnasiis und Schulen, mit sonderbahre Gnade zugethan, als kan E. Edl. und Wohlw. Raht versichern, dasz Sie auch dieszes Gimnasium, in ihren biszherigen Stande unterhalten, sondern auch nebst dehnen 1200 R. noch mehr Doucers und Gnadenzeichen werden genieszen laszen.

6.

Wie die Stadt nach ihren habenden Privilegien auf das gemeine Kayszerliche Recht und der Stadt Lubeck Statuten gewidmet, auch nach solchen Rechten bisz hierzu sowol in criminalibus alsz civilibus die Jurisdiction in und auszerhalb der Stadt, soweit sich ihr Territorium und Grentzen erstrecken ohne einige turbation in allen casibus keinen auszgenommen, exerciret, dasz sie nicht nur dabey in allem conserviret, sondern auch unter ihre Jurisdiction der Tönnies Berg und die daherüm und unter dem Schlosz auch auf dem Thum wohnende Bürger und andere Leute, die nicht adlichen oder ritterlichen Standes noch in ihren Diensten sind, geleget werden mögen, sintemahl es die Erfah-

6.

Dieszer Punct wird bisz zu Ihro Grosz Czarischen Maytt. fernerer Allergnädigsten Landes Disposition anheimgestellet.

rung gnugsahm gelehret hatt, dasz
es grosze Confusion und bösze Con-
sequentien in vielen Dingen der Stadt
zum Schaden nach sich gezogen, dasz
bey der Stadt unter Leuten Bürgerlichen Standes nicht einerley Jurisdiction, auch die Stadt der vorigen
Herrschafft den Tönnies Berg mit dem
darunter liegendem Platz, woselbst
sich nun die Menschen gesetzet, nicht
deswegen abgestanden, dasz zu ihrem
Nachtheil daselbst gleichsahm eine
andere Gemeine aufgerichtet werden
solte.

7.

Weil der Stadt bey der Subjection
unter die hochlöbliche Crohn Schweden von denen von E. E. Raht ausz-
gesprochenen Urteln die Appellation
nach Lubeck pacisciret worden und
der Raht und die Ehrh. Gemeine nach-
gehends ausz unterthänigem Respect
gegen die Obrigkeit consentiret, dasz
die Appellation ins Künfftige an den
Königl. Hof in Stockholm jedoch mit
gewissen Conditionibus gehen möchte,
und Ihro Grosz Czarische Maytt. ver-
muthlich hierin einen wandel werden
wollen getroffen haben, und aber den
Parten es sehr beschwerlich und kost-
bar fallen würde, wenn sie an einem
weit entlegenen Ort eine Ober In-
stantz suchen müsten, so wird unterthänig vorgeschlagen, dasz ein ge-
wiszes Tribunal mitten im Lande an-
geordnet, und davon keine fernere
Appellation noch Revision verstattet
werde.

7.

Wie dieszer Punct der Billigkeit gemäsz, alsz wer-
den auch Ihro Grosz Cza-
rische Maytt. allergnädigst
darein consentiren.

8.

Sollte auch, welches man doch
nicht hoffen will, jemand so ver-
meszen seyn, dasz Er ein Crimen laesae Majestatis beginge, so wird unterthänigst gebeten, dasz Er desfalsz unter keine andere Jurisdiction gezogen
werde, sondern Er für seine person
alleine und kein anderer der nicht

8.

Accordatur.

mit intressiret geweszen zu seyn
rechtlich überführet wird, nach hiesigen gewöhnlichen Stadtsrechten gerichtet und gestraffet werden müsze.

9.

Gleich wie auch die Stadt durch
Ihro Grosz Czarischen Maytt. unsz
zugesandtes Universal gnugsahm versichert ist, dasz ihr alle ihre Ein-
künffte nach dem alten bey dem Por-
torio die Accise, ohne Recognition,
die Wage, Pfahlgelder, ein halb pro
Centum von ein und auszgehenden
Wahren, die Jurisdiction im Haffen,
die Müntz-Freiheit in allerhand Sor-
ten und kleiner Scheide Müntze, die
Mühlen, das Zeughausz, alle Stadts
Stücken und mortiers, metalline und
eiszerne, mit allem Zubehör, die freie
Rahtswahl und Besetzung aller Amp-
ter nach dem alten, [und die vorige
Raths-Range,] [1]) Hospital, arme und
Stadts Güter frey von allen Lehns-
pflichten und Roszdienst, die Stadts-
pforten Schlüszel in allem ungekräncket werden gelaszen, alle Societaeten,
alsz die grosze Kauffmans Gilde mit
ihrem privilegirtem Brauer Schragen,
das Schwartzenhäupter Hausz und die
St. Canuti Gilde mit ihrem Eigenthum
und Freyheiten inviolabel conserviret
und die von der Stadt eingezogene
Insuln, Nargöö, Ulfsund, Carlöö, und
andere Landereyen völlig werden restituiret werden; also lebet man auch
des unterthänigsten und festen Vertrauens, dasz Ihro Grosz Czarischen
Maytt. der verarmten Stadt aufnahm
zu befördern sich werden angelegen
seyn laszen und sie nicht nur bey der
freyen Seefahrt und Handel mainte-
niren, sondern auch es so veranstal-
ten, dasz wegen des Haffens Bequäm-
ligkeit der Reusische und Persiani-
sche Handel, sonderlich, weil der Reu-

9.

Alles daszjenige wasz im
nebenstehenden punct we-
gen der Stadt desideriret
wird, bleibet bey seinen
alten privilegiis, und wird
derselben in keinem Stücke
dasz geringste praejudica-
tum auf seiten Seiner Grosz
Czarischen Maytt. zuwach-
sen: welche dan auch in-
sonderheit zu Etablirung
des Reuszischen un Per-
sianschen Handells, alles
daszjenige so zum aufneh-
men der Stadt gereichet,
vielmehr allergnädigst befördern, alsz in Decadence
werden gerahten laszen.

---

1) Mit anderer Tinte am Rande hinzugefügt.

sische Handel vordehm hier stabiliret
geweszen und die Persianer en Consideration des bequämen Haffens schon
inclination dazu haben verspüren
laszen, mögen hicher geleget werden.

10.

Weil einige von denen Stadts-Be-
dienten die man bey der Fortification,
Artollerie und Militair Diensten angenommen und von der Stadt salariret
hatt, den dem Stadts Magistrat gebührenden respect an die Seiten haben
setzen und sich an das General Gouvernement halten wollen, so wird auch
dieszes praecaviret, dasz sie daselbst
nicht angenommen werden, sondern
dem Magistrat frey stehe, nach ihrem
Verhalten sie bey zu behalten oder
abzudancken.

11.

Es wird auch insonderheit dieszes
auszbedungen, dasz keine Calmuncken
oder Tartarn in der Stadt oder auf
dem Lande mögen verleget noch beym
Ein oder Ausmarche keinerley inso-
lentien oder Plünderung zugelaszen
werden.

12.

Es wird unterthänigst gebeten,
dasz die Civil Dienste, welche von
Ihro Grosz Cz. Maytt. alhie bey dem
Zoll, Post Hausze, Reuterey und sonsten zu besetzen sind, denen hieszi-
gen Bürgern und Einwohnern allergnädigst mögen conferiret und sie mit
dem dafür gebührenden Lohn benefi-
ciret werden.

13.

Weil auch die Stadt durch dieszen noch continuirenden Krieg und
andere Ungelegenheiten in grosze
Schulden gesetzet und keine andere
Mittel auszzusinnen, wie dieszelbe davon befreyet und der Raht und an-

10.

Wird völligst accordiret.

11.

Dieszes wirdt gäntzl. placidiret, und soll Keinem,
weder von Ihro Grosz Cza-
rischen Maytt. regulär- alsz
irregulären Trouppen, so-
wohl in der Stadt alsz auch
auff dem Lande, der ge-
ringste Schaden zugefüget
werden.

12.

Accordatur.

13.

Dieszer Punkt wird ad normam der andern ob ange-
zogenen Stadtsprivilegio-
rum, consentiret und nachgegeben.

dero Stadts Bedienten salariret werden können, woferne Ihr nicht auf einige bisz hierzu auszgesetzte einkommende und auszgehende Wahren eine Zulage gegönnet wird, alsz bedinget sie sich über die biszherige Licent Portorii und andere Ungelder von einer jeden einkommenden Last Saltz ¼ Rthl. von 1 ℔ Toback 1 Rst. und von einer jeden ins künfftige ausgehenden Last Korn ¼ Rthl. und dasz die Auszschiffung des Korns, ohne E. wohlgeb. Ritterschafft und E. E. Rahts Einwilligung auf keinerley weisze, ja auch nicht durch aufgelegte Recognition möge gehemmet werden.

14.

Weil auch die Stadt in Friedenszeiten je und allewege ihre Wälle und Stadts pforten mit ihren eignen Leuten besetzet und mit keiner Guarnison belästiget, auch in feindlichen Zeiten dieszelbe mit nicht gar zu schwerer Einquartirung beschweret worden, sondern die Militz sich bis zu des Feindes Ankunfft auszerhalb der Stadt und im Lande meist behelffen müszen, so lebet man der unterthänigen Zuversicht, dasz auch in dieszem Stücke Ihro Grosz Czarische Maytt. die vorige Freyheit gönnen und die Stadt nicht beschweren, sondern vielmehr darauf bedacht seyn werden an die Stadts Mauren und Wälle baraquen erbauen zu laszen, dasz sie in Zeit der Noth daselbst können Quartier genieszen und alle infection müglichst vermieden werde.

15.

Weil auch dieszer Stadt Einwohnere und Handelszleute so lange sie unter Königl. Schwedischer protection und devotion gestanden die Freyheit des Zolles im Sunde, gleich andern Schwedischen Unterthauen genossen, werden J. G. Cz. Maytt. sich gnädigst belieben laszen bey J. Königl. Maytt.

14.

Dieszes wird völlig placidiret und soll die Stadt weder anitzo noch ferner hin, mit schwerer einquartirung agraviret, sondern vielmehr vor die Guarnison zulängliche Baraquen an den Stadts Mauren und Wällen aufgerichtet werden. Solte es aber aus einer unumbgänglichen Nohtwendigkeit geschehen müszen, werden die ordinare Stadtsquartier Herren solche Repartition der Quartier formiren, undt sollen die Gemeine mit bloszem Quartier, undt die Officiers mit gewöhnlichen Quartiergeldt sich contentiren müszen.

15.

Ihro Grosz Czarische Maytt. werden nicht unterlaszen, Sich aufs Beste vor die Stadt, bey Ihro Kl. Maytt. von Dennemarck zu interessiren.

in Dännemarck sie bey solcher Freyheit zu conserviren.

16.

Ferner wird dieszes mit einbedungen, dasz die Landposten und das Post-
hausz an einem bequämen Ort in der
Stadt wieder mögen angeleget, eine
freye Correspondentz an alle unintres-
sirte Oerter und einem jeden wie vor
dem zu lande und zu waszer sicher
seiner Nahrung, Handel und andern
Behueff nach zu reiszen frey gelaszen
werden. Wie auch dasz dieser Stadt
Bürgere in Ihro Grosz Czarischen
Maytt. Länder zu reiszen zu handeln,
Waaren ein und ausz zuführen und
zwar vor den gewöhnlichen Zoll, wie
andere Ihro Grosz Czarischen Maytt.
Unterthanen Freyheit haben mögen.

17.

Sollte einer oder ander, der unter
der Stadtsjurisdiction gehöret, über
Vermuthen vor oder in wehrender
dieszer Kriegeszeit Ihro Grosz Czarischen Maytt. Hoheit selbsten oder dero
Trouppen ins Gemein oder Jemand in
specie auf eine oder andere Artt beleidiget haben, es mag geschehen seyn,
auf was weisze es wolle, so wird
dieszes insonderheit mit bedungen,
dasz solches auf keinerley weisze an
ihm gerochen noch derselbe desfalsz
zur Rede gesetzet werde, sondern solches alles per amnestiam gehoben sey
und derselbe J. G. Cz. Maytt. hohen
Schutzes und Protection, Er sey gesonnen von hinnen zu-reiszen, oder
hier zu bleiben, in der Taht zu genieszen haben möge.

18.

Dasz diejenige Stadts Einwohnere
und Bürgere, welche Erb Gütter, Pfand
oder Immissiones im Lande gehabt
oder noch haben, in danselben gleiches Recht denen Adlichen genieszen
mögen, denn auch, dasz die Schulden,

16.

Dieszer Punct wird in al-
len Stücken, ohne einige
Exeption völligst placidiret.

17.

Wie man sich nicht vor-
stellet, dasz solche persohnen daselbsten in der Stadt
solten gefunden werden,
alszo wird auch dieszer
punct ea cum reservatione
völlig placediret, wan nur
nicht einige Militär und
Civill Bedienten, welche
Ihro Grosz Czarischer Mtt.
mit Eydt und Pflicht ver-
bunden, nachmalsz aber
sich hicher begeben, und
ein crimen Laesae Magista-
tis (sic!) begangen, undt
alszo nohtwendig extradi-
ret und auszgegeben wer-
den müssen.

18.

Dieszes wird der Billig-
keit nach accordiret.

welche einige von Adel ihrer Eltern oder Voreltern wegen schuldig sind und nicht bezahlet, weil ihnen die Gütter reduciret geweszen, dieszelbe, wenn sie die Gütter wieder bekommen, bezahlen und keine Praescriptiones vorgeschüttet werden müszen, da wegen der dazwischen gekommenen Reduction die Schuld nicht hatt gefordert werden können.

19.

Alles was dieszer Stadt Einwohnere hie in Ehstland, Liefland, Finnland, Carelen, Ingermannland und sonsten irgendwo unter Ihro Grosz Czarischen Maytt. Bottmäszigkeit auszstehen und rechtmäszig von Jemand zu fordern haben, dasz ihnen solches ungehindert zu suchen frey gelaszen sey, und sie durch prompte Justice zu ihrem Recht mögen verholffen werden.

19.

Dieszer Punkt wird gleichsahm völlig zugestanden.

20.

Diejenige von dieszer Stadt Einwohneren, welche vor jetzo entweder ihrer Geschäffte halber auszerhalb Landes oder auch von hinnen weg geflüchtet sind, haben ebenfalsz Ihro Grosz Czarische Maytt. Schutz und alle immunitäten zu genieszen, wenn sie sich wieder einfinden. Solten sie aber wegbleiben, oder ihr geflüchtetes Gutt an frembden Oertern laszen wollen, stehet ihnen solches frey, wie auch auf den wegbleibenden Fall ihre albie habende liegende Gründe zu veräuszern und sich des ihrigen nach erlegtem zehendem Pfenning an die Stadt zu bedienen.

20.

Dieszes wird ad normam der Rigischen Capitulation, wan sie die decimas der Stadt erleget, accordiret.

21.

Daferne auch Jemand Belieben tragen solte, sich mit dem seinigen von hinnen weg und an einen andern Ohrt zu wohnen zu begeben, soll Ihm solches, wie vor dem, wenn Er die Gebühr an die Stadt entrichtet, frey ste-

21.

Wird placidiret.

hen, und Er unter keinem Praetext aufgehalten werden.

22.

Dasz denen im Haffen oder auf der Rheide liegenden Schiffen und Fahrkosten, Flüchtlingen und ihrem Gutt kein Leid wiederfahre, sondern Ihnen freystehe, das ihrige ohn einige gravation wieder aufführen zu laszen oder damit von hinnen zu segeln.

22.

Accordatur.

23.

Daferne auch einige Fahrkosten von Frembden Orten dieszen Herbst hie noch ankommen solten, dasz ein jeder seine Wahren und was Er sonsten dabey erhalten möchte frey und ungehindert, wenn Er die gebührende Ungelder entrichtet löschen und disponiren möge.

23.

Dieszer Punct wird völlig placidiret.

24.

Dasz die jenige Herren Officirer von der Guarnison welche denen Burgern schuldig sind nicht ehe mögen von hinnen gelaszen werden, Bisz Sie ihre Creditores vergnüget.

24.

Wasz die particulaer schulden betrifft, werden sich die Interessenten, über die Versicherung der Zahlung und des Termini vereinbahren.

25.

Dasz diesze Stadt und Land mit einem der Teutschen Sprache kündigem Regenten oder Gouverneuren möge versehen, olle Befehle in teutscher Sprache auszgefertiget auch keine andere alsz die teutsche Sprache in der Gouvernements und Stadts Canceley item bey Gerichten möge gebrauchet und die Stadt mit keiner charta sigillata belästiget werden.

25.

Weill dasz Hertzogthum Ehstlandt und die Stadt Revall in Lauter Deutsche einwohner bestehet, alsz ist es nicht mehr alsz billig, dasz nicht allein ein Deutscher Gouverneur, alhier dasz Gouvernement habe, sondern auch die Deutsche Cancelleyen bei allen instancen und gerichten, bey behalten werden, Hoffe auch dasz Ihro Grosz Czarische Maytt., an welche desfals Specialiter zu Suppliciren gelobe, solches allergnädigst eingehen und consentiren werden. Wie dan auch die Sublevatio der Charta Sigillata, Ihro Grosz Czarischen Maytt. hohen Gnade anheim gestellet wirt.

26.

Weil auch die Burgerschafft theilsz gegen erhaltene Verpfändung in Königl. Güttern theilsz gegen auszgegebene Assignationes auf dieszes Jahres Arrenden der hochlöbl. Crohn Schweden ansehnliche Pöste zur unterhaltung der Guarnison vorstrecken mülszen, so wird auch dieszes ausz bedungen, dasz Sie ausz denen publiquen Güttern ihre Bezahlung erhalten mögen.

26.

Dieszer punct dependiret gleichfalsz von Ihro Grosz Czarischen Maytt. aller Gnädigsten Decision, in dehm E. Edl. und Hochw. Raht, wan Sie desfalsz Supplicando einkommen werden, woll eine marque dero besondern hohen Gnade und Clemence, opteniren dürfften.

27.

Demnach auch einige Bürgere dieszer Stadt dem wohlseel. Herren Hertzog von Croy ein ziemliches creditiret, auf die Ihnen gethane Versicherung, dasz von J. G. Cz. Maytt. Er ansehnliche Mittel zu erwarten, Er aber darüber alhie verstorben und keine Bezahlung erfolget, alsz wird unterthänigst gebeten, dasz Ihro Grosz Czarische Maytt. allergnädigst gelieben wollen, denen die rechtmäszig zu fordern haben zu dem ihrigen zu verhelffen.

27.

Diesze Praetension wird ebenfalsz Ihro Grosz Czarischen Maytt. hohen Gnade anheimgestellet.

28.

Denen gebohrnen Schweden welche entweder in Civil oder militair Stadts Diensten sind, stehet frey darin zu bleiben, oder auch abzudaucken und sicher von hinnen, wohin es Ihnen gefält zu reiszen.

28.

Wird placidiret.

29.

Ebenfalsz wird auch dieszes praecaviret, dasz keinem der nicht alhie das Bürgerrecht gewonnen, oder sich in ein Ampt gegeben, zu gelassen werde, alhie etwas an Wahren oder Handwercks Arbeit ins Kleine zu ver-

29.

Dieszes wird auch vollenkommen accordiret.

kauffen, und der Burgerschafft in ihrer Nahrung und Handtierung einigen Eingriff zu thun.

30.

Dasz alle gefangene, die von hier ausz dem Lande von Narva und Dorpat weggebracht ohne jenige Ranzion mögen wieder anhero und zu ihrem Eigenthum gelaszen werden.

30.

Weillen Ihro Grosz Czarischen Maytt., allen und jeden einwohnern, des HertzogthumEhstlandt, undt der Stadt Revall, dero besondere Gnade aller Gnädigst versichert, werden dieselbe auch desfalsz aufs aller unterthänigste imploriret werden müssen.

31.

Solte die Stadt Riga oder Perno noch einige andere Vortheile vor sich einbedungen haben, dasz dieselbe auch dieszer Stadt zu gutte kommen mögen, gleich alsz ob Sie hierin ausdrücklich mit wären pacisciret worden.

31.

Accordatur.

32.

Solten auch Beyde hohe Potentaten durch einen Gott gebe baldigen Friedens Schlusz sich dahin vereinigen, dasz diesze Stadt und Land an die hochlöbl. Crohn Schweden wieder abgestanden würde, dasz diesze ausz erheblichen Uhrsachen vorgenommene Ergebung unter Ihro Grosz Czarischen Maytt. Schutz der Stadt, dem Raht und der Ehrh. Gemeine an ihren erhaltenen Privilegien, pacten, immunitäten, Freyheiten, alten wohlhergebrachten Gewohnheiten und Konigl. Resolutionen auf keinerley weisze nachtheilig und praejudicirlich seyn möge.

32.

Wan die Stadt Revall durch einen erfolgenden Frieden, und geschloszenen tractaten wieder an die Crohn Schweden dermahleins solte gelangen, werden Ihro Grosz Czarische Maytt. Sich schon alsdan bestens vor dieselbe interessiren, das sie [bey] [1]) allen ihren privilegien, pacten, und immunitäten sine ullo praejudicato, conserviret bleiben mögen.

33.

Gleichwie nun alle diese obbeschriebene puncta der Stadt eingewilliget auch festiglich, dasz dieszelbe in allen Clausulis ohne einige Exception unverbrüchlich sollen gehalten und zu mehrer Bekräfftigung von Ihro Grosz

---

1) Fehlt im Texte.

Czarischen Maytt. selber vor sich und
ihre Successores allergnädigst ratihabiret werden, angelobet wird, also versichert dahingegen E. E. Raht und die
Ehrh. Gemeine dasz Ihro Grosz Czarische Maytt. Sie allen schuldigen Gehorsahm treue Liebe, Respect, wie
Sie solches ihren vorigen Herrschaff-
ten und Schutz Herren zu allen Zeiten so lange Sie derer Beschirmung
genieszen können, erwieszen, unausz-
setzlich erweiszen wollen und sind
des Endes zwey gleichlautende Exemplaria an seiten Ihro Grosz Czarischen
Maytt. von dem Herren General Lieutenant Rudolph Felix Baur und an seiten der Stadt von denen dazu deno-
minirten Rahts und Gilde Gliedern
eigenhändig unterschrieben und mit
ihrem und der Stadt gewöhnlichen
Sigill untersiegelt worden. Geschc-
hen im Feldlager vor Reval d. 29.
Septembr. 1710.

Rudolph felix bauer (L. S.)

Ihro Grosz Czarischen Maytt. Meines
allergnädigsten Herrn bestallter General Lieutenant von Cavallerie, Ritter
desz weiszen Adlers, Obrister über
dasz löbl. Kiowische Dragoune Regiment und Commendeur über die bey
Reval stehende trouppen.

(L. S.)

D. Reimers.
Ältester Bürger Meister.

Joachim Gernet. Syndicus.

Johann Lontingh.
Älterman der groszen
Kauffmansgilde.

Zarische Generalconfirmation
der Privilegien der Stadt Reval
vom 13. März 1712.

Original auf Papier (russisch) mit Peter I. Unterschrift und Siegel
im Rathsarchive zu Reval. — Die Uebersetzung nach Bunge,
Quellen des Revaler Stadtrechts II, 385.

Мы ПЕТРЪ первыі Божнею Милостию ЦАРЬ исамо-
держецъ всеросійскій, Іпрочая ипрочая іпрочая;

Обьявляемъ симъ, Понеже Ревель століца Эстлянская, нака-
пітуляцію намъ поддался И вонашу власть пришолъ, того Ради
ихъ правиліи, древния Благопринесенныя права волности правосудие, I Обыкності, какъ они тѣ издревле, I отъ правителства
до правителства до Сего времяни ирнобрѣли I имѣли, подтвер-
жены, и Содержаны будутъ, ижоже помннутой Городъ Ревель,
чрезъ двухъ отправленныхъ Бургомпстровъ Благошляхетныхъ,
і Благочестныхъ, яГана лантинГа, I яГана Хрнстова друммера
всеподданнѣйше о томъ просилъ, — того ради мы Ізцесарской
милости втомъ имъ отрещи не хотѣли. Но какъ мы о нхъ по-
стоянной всеподданнѣйшей вѣрности и должности кнамъ, И нашимъ ЦЕсарскимъ Наслѣдникомъ Весьма Внадежде пребываемъ,
тако подтвержаемъ мы симъ, і посилѣ сего всѣ іхъ издревле і
отъ правителства до правителства Благопринесенныя привилии
волности правосудие и обыкности, какъ они тѣ до Сего Времяни ирнобрѣли и имѣли, обѣщаемъ имъ такожде всемилостивѣйше Что они і ихъ потомство при всемъ томъ, всегда Содержаны и защищены Будутъ. Якоже Мы ради того всѣмъ нашимъ
высокимъ и нижнимъ командиромъ. Втѣхъ мѣстехъ Iвсѣмъ
онымъ которыя намъ подданнѣйшею должностию И вѣрностию
обязаны, Симъ накрѣпко повелѣваемъ. Дабы они противъ того
никакого помѣшателства или вреду сами Не приключали, іли
Чрезъ иныхъ приключать недопускали, но паче впотребныхъ
случаяхъ ихъ притомъ содержали И защищали, Ради вящаго
Свидѣтелства і твердаго Содержания, Мы Сие Собственною рукою подписали, I нашею ЦЕсарскою печатью Укрѣпить Повелѣли, Еже Учинено. всанктъ петербурге Марта 13-го дня 1712
года.

Петръ.

(L. S.)

Графъ Головинъ.

8

Wir Peter der Erste, von Gottes Gnaden Czaar
und Selbsthalter des ganzen Reusslandes u. s. w.

Thun kund hiermit: Nachdem die esthländische Hauptstadt Reval sich Uns durch Capitulation ergeben und Unsere Bothmäszigkeit untergangen: als werden ihnen ihre uralte Privilegien, wohlhergebrachte Rechte und Freiheiten, Rechtsgebräuche und Gewohnheiten, wie selbige ihnen von Alters her von Regierung zu Regierung bis auf diese Zeit gewesen, bestätiget und sollen gehalten werden; gleich wie gedachte Stadt Reval durch zwei deputirte Bürgermeister, die Wohledlen und Wohlehrenvesten Johann Lantingh und Johann Christoph Dronmmer, deswegen angehalten. Derowegen haben Wir es ihnen auch aus Unsrer Kaiserlichen Gnade nicht abschlagen wollen, sondern gleich wie Wir, an ihre beständige unterthänigste Treue und Schuldigkeit gegen Uns und Unsere Kaiserlichen Successores im geringsten nicht zweifeln, als confirmiren Wir hierdurch und kraft dieses alle ihre von Alters und von Regierung zu Regierung wohlhergebrachte Privilegien, Freiheiten, Rechtsgebräuche und Gewohnheiten, wie sie selbige bishero gehabt und behalten. Geloben ihnen auch Allergnädigst, dasz sie und ihre Nachkömmlinge bei diesem allem beibehalten und geschützet werden sollen, gleich wie Wir auch derowegen allen Unsern hohen und niedrigen Commandeuren an selbigen Ohrten und allen denen, so Uns mit unterthänigster Schuldigkeit und Treue verbunden sind, kraft dieses aufs Höchste anbefehlen: dasz sie dem allen keine Verhinderung oder Schaden zufügen oder durch Andere zuzufügen gestatten möchten; sondern vielmehr in nöthigen Fällen sie darbey erhalten und schützen. Besserer Zeugnisz und Confirmation wegen haben Wir dieses eigenhändig unterschrieben und mit Unserem Kaiserlichen Petschaft bekräftigen lassen. So geschehen in St. Petersburg den 13. Martii 1712.

Peter.

Graf Goloffkin.

Capitulation

der estländischen Ritterschaft vom 29. September 1710.

Nach dem im Ritterschaftsarchive zu Reval befindlichen Originale
auf Papier.

Gedruckt bei Paucker, Wrangell's Chronik von Ehstland
S. 199—210.

Nachdemmahlen E. E. Ritter- und Landtschafft aus höchst-
nothdringlichen und unabkehrlichen Ursachen resolviren
müszen, Ihrer Grosz Czarischen Maytt: Peter Alexewitz
dieses Nahmens des I. Imperator aller Reuszen, hohen
Protection anzunehmen, und sich deroselben zu submittiren, nicht zweiffelnde, Ihre Grosz Czarische Maytt:
werden E. E. Ritter- und Landtschafft dieses Hertzogthumbs Ehsten, laut Einhalt Dero allergnädigsten aus-
gegangenen Universals de dato S. Petersburg den 16.
Aug: Anno 1710. gethanen hohen Zusage, mit Confirmi-
rung aller Landes Privilegien und Praerogativen, Selbige
eher zu mehren als zu vermindern, allergnädigst genie-
scn lassen; so hat E. E. Ritter- vnd Landtschafft folgende
Puncta dem zu folge allergnädigst zu confirmiren, hiermit unterthänigst bitten wollen.

I.

Bittet E. E. Ritter- und Landtschafft, Sie bey der reinen Evangelischen Religion Augsburgscher Confession zu schützen und ungehindert
zulaszen, vnd dem zu folge Kirchen
vndt Schulen mit Evangelischen Leh-
rern zubesctzen, dergestalt, dasz das
Jus vocandi Pastores in den vacanten
Pastoraten, von der Gemeine und
Kirchspiels Eingepfarten per vota
möge geschehen, so wie es von Alters je und allewege hier im Lande
gehalten worden, und gebräuchlich
gewesen; worüber Ein Episcopus von
denen Geistlichen aus der Stadt vnd
Lande zu erwählen.

I.

Wirdt völlig undt in allen
Stücken accordiret.

II.

Alle Privilegia, Donationes, Statuten, Immunitäten, Alte wohlhergebrachte Landes Gewohnheiten von denen Glorwürdigsten Königen in Dennemark, item denen Hoch- vnd Herr Meistern dem Lande und Adel gegebene vnd von Zeiten zu Zeiten confirmirte Praerogativen, wie Selbe in Ihrem tenore von Wort zu Wort lauten, zu confirmiren vnd zuerhalten.

III.

Und von denen Glorwürdigsten Königen in Schweden, und so Successive von Königen zu Königen von allen Zeiten, dem Adel gegebene vnd gegönte Privilegia, güter, Donationes und Pfandgüter jetzigen Possessoren und Eigenthümern Erblich und Eigenthümblich, wie Sie Selbige vorhero beseszen, einem jeden ungekränckt zulaszen vnd wieder zugeben, und was etwan bey Schwedischer Regierung in Abgang kommen, wieder zuerstatten.

IV.

Die Landes Policey vnd Jurisdiction wie von Alters und Herr Meisters Zeiten, als das Oberlandgericht und alle davon dependirende Niedergerichte, als Manngerichte und Hakenrichter in Ihren alten Würden vnd Wesen zulaszen.

II.

Weilen Ihro Grosz-Czaarischen Mayt. speciales absehen dahin gehet E. W. Ritter undt Landtschafft bey ihren alten Privilegiis, Donationibus et Immunitatibus allergnädigst zu conserviren, alsz wirdt auch dieszer Punct ohne einige exception völligst aecordiret undt bewilliget.

III.

Wie dieszer Punct nicht allein der Billigkeit conform, undt inter Jura cardinalia desz Hertzogthumbs Ehstland gehörig, alsz wirdt auch darin völligst accordiret, indem Ihro Grosz Czaarischen Maytt. hohe Intention gar nicht dahin gehet, E. W. Ritter undt Landtschafft, welche dieszelbe alsz ihre rechtmäszige Obrigkeit erkennen u. in schuldiger Devotion leben undt sterben werden, durch Gratialen, Tertialen, u. perpetuel arrenden ihre gegen dieszelbe hegende Gnade erkennen zu geben, sondern wollen vielmehr mit realen Gnaden dieszelbe distinguiren, indem Einem Jeden, laut denen publicirten Vniwersalien sein Eigenthumb in totum restituiret werden soll.

IV.

Dieszer Punct wird der Billigkeit nach, völlig aecordiret.

V.

Vnd diesem nach, denen 12. Landt Räthen vnd Land-Marschall, Ihre vorige Würde, dignität und Rang, die der Rahtstuhl von denen Königen in Dennemarck, vnd Hoch- vnd Herr Meistern gehabt und genoszen, wieder zugeben vnd Ihren Rang beyzubehalten.

VI.

Im Selben Oberlandtgerichte als ins Künfftige Ihrer Grosz Czarischen Maytt: höchste Jurisdiction dieses Hertzogthumbs niemanden gestatten zu praesidiren, als den Ihre Grosz Czarische Maytt: zum Regenten oder General-Gouverncurn hier verordnen werden; darbey unterthänigst bittende, dem Laude zur groszen Gnade einen Teutschen und Evangelischer Religion zugethanen General-Gouverneurn zuverordnen, nachdem das Ober-Landtgericht von etlichen hundert Jahren her vnd von Anfang her nicht anderst als in Teutscher Sprach gehalten worden, und die Justice in teutscher Sprach administriret worden, wie denn auch dasz in absence des H. General-Gouverncurn im Oberlandtgerichte der älteste Land Rath das Praesidium Judicum führe, wie es bis dato gebräuchlich gewesen, vnd von vorigen Regenten indulgiret worden.

VII.

Und weilen zu Sublevirung und Unterhaltung des Gerichts, einigermassen so viel als zureichen wollen, die Kuymetzsche vnd Nappellsche Gütter dem Rathstuhl gewidmet vnd zugeeignet gewesen, als welche ohne dem privat-Adeliche güter, also auch gedachte Gütter dem Oberlandtgerichte vnd Landt Räthen wieder ein zuräumen und ein zunehmen zuvergönnen.

V.

Accordatur.

.

VI.

Dieszes wirdt gleichsam völlig accordiret.

VII.

Weilen Ihro Grosz Czaurische Mayt. wie oben erwehnet § 3tio in dero Vniwersalen sich allergnädigst veranlaszet, E. W. Ritter undt Landtschafft durch keine Gratial, tertial undt perpetuel arreuden, sondern restituirung in totum ihres vormaligen Eygenthumbs, dero gegen dieszelbe tragende hohe Gnade erkennen zu geben, alsz

VIII.

Es hat auch E. E. Ritterschafft von Königl. Dänischen, wie auch Herr Meister vnd Königl. Schwedischer Regierung die Freyheit gehabt und behalten, Landt Täge vnd Versammlungen mit Vorbewust der hohen Landes Obrigkeit zuhalten, wann Sie Ihre Angelegenbeiten abzuhandeln gehabt, auch wann die hohe Obrigkeit etwas denen Landes Ständen anzusinnen gehabt; So ist selbige Proposition von dem H. General - Gouverneurn nach vorhero ausgeschriebenem Land Tage, denen Landt Räthen, Land Marschall und sämptl. Ritterschafft übergeben, darüber deliberiret, und der erfolgte Schlusz dem H. General-Gouverncurn dieses Hertzogthumbs; und so weiter der höchsten Obrigkeit, im fall etwas wichtiges obhanden gewesen, zur ferneren Resolution übergeben; worbey E. E. Ritterschafft, Selbiges zu conserviren und als ein principal Stück Ihrer Privilegien beyzubehalten unterthänig bittet.

IX.

Weilen bey hiesigen der Adels Fahne Roszdiensts-Pferde, durch eine Speciale Resolution allemahl auf den fall der vacance drey von denen Landt Räthen zu Obersten vorgeschlagen werden sollen, von welchen die hohe Landes Obrigkeit Einen benennet, und Successive die übrige Officiers; als bittet man auch dieses zu confirmiren; und nachdem daszelbe Regiment durch Verarmung des Adels in diesem Kriege gantz dismontiret vnd im Abgang gekommen, so wird gebeten, die

werden dieszelbe auch wegen der § 7mo angeführten Güter allergnädigst consentiren, dasz solche wieder au dem Ober Landt Gericht anheimfallen mögen.

VIII.

Wirdt in allen Stücken placidiret.

IX.

Wegen Benennung der bey hiesziger Adels-Fahne vacirenden Obristen undt successive der übrigen officirs bleibet es bey der alten usange, undt können die noch auf dem Fusz befindliche Reuter dergestalt entweder auf ihre Häuszer oder bey E. W. Ritter und Landtschafft auf dero Höfe, Ein Jeder bey seinem Herrn, ausz

übrige wenige Mannschafft nach Hausz zu dimittiren, denen Ober- vnd Unter-Officiers aber Ihren Lohn ins Künfftige beyzulegen; wie Sie es bis dato und allewegen von der hohen Landes Obrigkeit genoszen, vnd Ihnen bestanden worden.

X.

Weilen die Revision der güter und haken hier im Hertzogthumb Ehstland gantz ungleich, vnd wir mit denen Stifftschen doch gleiche Last und Roszdienst tragen müszen, angesehen dasz hiesige vier haken kaum Einen Stifftschen haken zu compariren; als bittet man, Selbe mit denen Stifftschen haken in eine Gleichheit zusetzen, weil dieses schon bey der Schwedischen Regierung gesuchet, aber durch eingefallenen Krieg verhindert worden, sonst ist es unmüglich, dasz die Güter hier in Ehstland die praestanda praestiren können, und nicht ohne totalen ruin den Roszdienst zu tragen vermögen; wie solches die Erfahrung bey jetzigen Kriegeszeiten satsam erwiesen.

XI.

Die Adelichen auf dem Thumb belegene Häuszer mit keiner Einquartirung Einhalt unser Privilegien zubelegen; und weilen man in dieser Kriegs- vnd Belägerungs Zeiten gesehen, dasz die gröste Contagion durch so starke Logirung der gemeine sehr verursachet: dasz für die künfftige Zeiten, Baraquen, worzu hier gute bequemlichkeit ist, mögen aufgebauet werden, die Milice im fall der Noth darin zulogiren.

XII.

Alle unsere während Krieges gefangene Mittbrüder, item Priester, Amtleute und Bauern, als nunmehro Ihro Grosz- Czarischen Maytt: Unter-

eiuander gelaszen werden, dasz man Sie allezeit wiederumb auf erforderten fall zusammen bekommen, undt zu Ihro Grosz Czarischen Mayt. Dienste employren kan.

X.

Wie dieszer Punct in der natürlichen Billigkeit bestehet, alsz soll auch darin eine höchstnötige Balance in abtragung der onerum publicorum observiret werden. Zu welchem Ende E. W. Ritter-und Landschafft von jedem Kirchspiell gewisze Commissarios constituiren kan, welche so woll bey auszschreibung der Contribution, alsz formirung einer repartition eine solche methode an die Handt geben könne, dasz das land dadurch mögligst conserviret, und nicht aggraviret werden möge.

XI.

Wirdt völlig accordirt undt sollen die auf dem Thumb befindliche Adelliche Häuszer, wie vormals alszo auch fernerhin von aller Einquartierung excipiret sein.

XII.

Wirdt zwar accordiret, Jedoch dabei reserviret dasz alle Schnaphanerey durch Erlaszung desz loszen Ge-

thanen zuerlaszen, weil das Land von Volk gantz depeupliret ist.

XIII.

Solte auch ins Künfftige einer oder der ander (: da Gott für sey:) in puncto Feloniae et Criminis laesae Majestatis pecciren, dasz Selbiger in seinem Foro, nach Landes Rechten möge verurtheilet werden, laut vorigen expressis verbis in tali Casu enthaltenen Worten, vnd personam delinquentem allein, nicht aber seine Güter, die seinen nechsten Erben zufallen, vnd dahero keiner gantzen familie solches zuentgelten laszen, weil ein jeder seine Miszethat selber büszen musz.

XIV.

Solte entlich durch Veränderung der künfftigen Zeiten vnd Vermittelung anderer Puissancen das land wiederumb an die Cron Schweden oder auch an andern Herren cediret werden; so bittet man unterthänigst Ihro Grosz Czarische Maytt. alle diese allergnädigst indulgirte Capitulations in recessu, durch dero hohen Authorität und Macht mit zu conserviren, auch niemanden wieder seinen willen auszen Lande anderswohin zu transportiren, weniger gantze familien ausführen zulaszen.

XV.

Allen anitzo auszerhalb Landes, und in Königl. Schwedischen diensten sich aufhaltenden hiesigen Eingeseszenen, Ein Jahr vnd Sechs Wochen sich zu sistiren Zeit zugeben, nachdeme die Advocatoria erstlich ergangen.

XVI.

Denen jenigen von E. E. Ritterschafft im Stifftschen und Dörptschen (: weilen Sie durante bello nicht aus-

sindes, und der national Soldaten im lande verhütet werden möge.

XIII.

Wie dieszer Punct der Billigkeit gemäsz, alsz wird derszelbe auch völlig placidiret.

XIV.

Wann die Stadt Reval und das Hertzogthumb Ehstland durch erfolgenden frieden undt geschloszenen tractaten, wieder an die Cron Schweden solte gelangen, werden Ihro Grosz-Zaarische Mayt. sich schon bestens vor dieszelbe interessiren, dasz sie bey allen ihren Privilegien, Pacten und Immunitäten sine ullo praeiudicato conserviret bleiben mögen.

XV.

Wirdt placidiret.

XVI.

Wasz die Dörptische undt Stifftische Ritter- und Landschafft so durante

kommen können:) ungehindert Ihre Güter wieder einnehmen zulaszen, wie auch denen jenigen, die in Ingermanland Güter beseszen, Selbige allergnädigst den rechten Erben wieder einzuräumen.

XVII.

Und weilen bey Königl. Schwedischer Regierung durch das in vorigen Zeiten geschehene Korn hemmen, Selbiges nicht auszuschiffen, nicht allein der Stadt und dem Lande, sondern auch denen publiquen Zöllen selbst einen unleidlichen Schaden zugewachsen, blos aus Absicht einiger privatorum; Stadt und Landes Wohlfarth aber im freyen Korn handel bestehet; so bittet man, ins künftig einen ungehinderten handel, damit dem frembden Mann als Holl- vnd Engelland die freye commercie hierdurch nicht gehindert werde, vnd aller handel nicht cessiren möge.

XVIII.

Weilen anitzo der Krieg zwischen Ihro Grosz Czarische Maytt: und der Cron Schweden geführet wird, und zubesorgen, dasz durch gegentheils Flotte die Einfuhr des Saltzes künfftig möchte gehemmet werden, Ihro Crosz Gzarische Maytt. solches einzubringen durch Holl- und Engelland vermitteln möchten, weil ohne dem nicht müglich zuleben.

XIX.

Weilen sich hier einige Güter im Lande finden, die immediate dem publico gehören, und Ihro Grosz-Czarischen Maytt. absoluten disposition anheim fallen; so wird unterthänig ge-

Bello dahin geflüchtet geweszen anbetrifft, sollen die Jenige, so woll alsz die Ingermanländische mit Benötigte Päsze umb nach ihre Güter revertiren zu können versehen werden, wasz aber die restitution der Jure Belli verfallenen Gütter concerniret, müszen Sie deszfals Ihro Grosz Czaarischen Mayt. speciale Gnade imploriren.

XVII.

Weilen Ihro Grosz-Czaarischen Mayt. so woll auf die Conservation desz Landes, alsz derer Commercien ein allergnädigstes absehen haben, alsz wirdt auch solcher Punct der Billigkeit nach völlig placidiret.

XVIII.

Wegen Besorgung, dasz die Einfuhr desz Saltzes Künfftig dörffte difficultiret werden, werden Ihro Grosz Czaarische Mayt. sich schon deszfals Bestens so woll bey Holl- alsz Engelland interessiren.

XIX.

Accordatur.

beten, dasz Selbige für andern an
dem Adel im Lande, für billige und
gewöhnliche Arrende möchten ver-
arrendiret werden.

XX.

Dasz diesem armen erschöpften
Land kein gröszer onus bey diesen
Krieges-Zeiten möge auferleget werden, als es müglich aufzubringen; ab-
sonderlich da gantz Wierlandt, Jerwen
vnd halb Harrien verbrandt; diesen
herbst auf vielen höfen in der Wyck
nichts gesäet, vnd künfftig Frühjahr
kein Saatgersten bey vielen auch
nicht fürhanden; und die Contagion
viele Dörffer vnd Bauern öde und
wüst gemacht; Als bittet man unterthänigst, Ihro Grosz-Czarische Maytt.
eine zulängliche Frist und Jahre dieses alles wieder in Esse zubringen
dem armen Lande indulgiren möchte,
auch dem verarmten Adell, die Saat
vnd Brod anitzo nicht haben, aus dem
Magazin, zu seiner Subsistence und
Wiederauffhelffung was reichen zulaszen.

XXI.

Alle Civil-Bediente vom Lande,
als Secretarium, Actuarium und No-
tarien, als nothwendige Leute vom
Oberlandgerichte, in Ihren diensten
allergnädigst zubestättigen, in Anse-
hung Ihrer Grosz Czarischen Maytt.
Justice hier im Lande ins künfftige
hiedurch administriret werden musz.

XXII.

Weilen das Königl. Burggericht
hier in Reval vor alters niemahls gewesen, sondern bey Königl. Schwedischer Regierung erstlich introduciret
worden, auch nur über einige publique gütter und die Dohmsche Bürger
geurtheilet; aber durch die vielerley
arth von Gerichten stete Streitigkeiten
und Unordnung fürgangen; dasz auch
die Königl. Schwedische Regierung
selbsten es für einiger Zeit gar auf-

XX.

Weilen mir der zustandt
desz ruinirten landes selber bewust, werde nicht
manquiren, deszfals aufs
Beste bey Ihro Grosz-Zaa-
rischen Mayt. zu interce-
diren undt daszelbe zu
soulagiren mich mögligst
angelegen sein laszen.

XXI.

Accordatur.

XXII.

Dieszer Punct bleibet bisz
Ihro Grosz Czaarischen
Mayt. weitere Allergnä-
digste Landes Disposition,
in eo Statu, da es biszhero
in usage geweszen.

heben wollen; so stehet es Ihro Grosz Czarischen Maytt. gnädigsten disposi-tiou anheim; obs bey zubehalten. Nur bittet man unterthänigst, dasz kein Edelmann weder dero güter hausz oder höffe dafür sortiren möch-ten, wie Sie denn laut Ihren Privile-gien ohne dem dafür nicht sortiren, sondern nach dem 5. 6. und 7. Punct Ihre eigene Gericht und Jurisdiction stets gehabt.

XXIII.

Weilen die Contagion so hefftig grassiret, dasz Leute in 2. à 3. Ta-gen herumb fallen: ob nicht müglich die Landes Huldiguug bis Winter aus-zusetzen, da alsdenn Ein jeder gerne sich einfinden wird, weil ohne dem schon viele aufm Lande vnd den In-suln, unter Salve-guarde sich begeben.

XXIII.

Weilen dieszer Punct in billigen raisons bestehet, alsz wirdt derszelbe auch E. W. Ritter- und Landt-schafft nachgegeben, esz musz aber dieszelbe einen solchen schrifftl. Revers, dasz Sie Ihro Grosz Czaa-rischen Mayt. vor derp hohe Obrigkeit agnosciren, ad interim vor sich geben, wie E. W. Ritter und Landtschafft vom Pernau-schen Craysze praestiret.*)

XXIV.

Solte einer von Adel vnd Landes Eingeseszenen oder den Ihrigen vnd des Landes Bedienten, Kranckheit oder anderer Ursachen halben, länger in der Stadt zu bleiben genöthiget seyn, so bedingen sich Selbe Ihre Quartiere und Logiere unter Ihro Grosz Czarischo Maytt. wirklichen Schutz in allen stücken, wie Es Nah-men haben mag, ungekränkt und un-verletzt zugeniesen.

XXIV.

Accordatur.

XXV.

Dafern auch einer oder ander von der Ritterschafft und Adel und Lan-des Bedienten, auch Landes Einge-seszenen, Es seye mit Worten oder Werken, auch auf was weise es ge-schehen seyn möchte, der vor in-

XXV.

Dieszer Punct wirdt in so weit placidiret, wann nicht einige Militair und Civil Bediente, welche Ihro Grosz Zaarischen Mayt. mit Eidt undt Pflicht ver-

---

*) Vgl. das folgende Document.

oder währenden Krieg entweder Ihro Grosz-Czarischen Maytt. Hoheit selbsten, oder dero Trouppen insgemein, oder jemanden in specie beleidiget haben, so soll solches an denenselben auf keinerley weise gerochen, noch derselbe deszfalls zu rede gestellet werden, sondern allerdings vnd in Ewigkeit vergeszen seyn, und derselbe Ihro Grosz-Czarischen Maytt. hohen Schutzes und Protection, Er seye entweder vorhabens sich nach Schweden zubegeben oder hier im Lande zu bleiben, wirklich zugeniesen haben.

XXVI.

So wird auch für allen und jeden von der Ritterschafft, Landes Eingeseszenen und Landes Bediente veraccordiret, welche zu Lande entweder Erb- oder Pfandtgüter, Immissiones oder Arrenden, und in oder bey dieser Stadt Erb- oder Zinsz- gründe oder Häuszer haben, und besitzen, dasz denenselben, welche bereits vorher weg zu ziehen, oder noch weg zu ziehen necessitiret seyn, ein freyer und ungehinderter Abzug gestattet, und dasz solcher geschehene oder geschehende Abzug, sothanen Ihren Gütern und liegenden Gründen, an Ihren Rechten vnd Freyheiten, wie Sie Nahmen haben mögen, in keine ersinnliche weise vnd mase zu praejuditz und Nachtheil gezogen, sondern bey Wiederzurückkunfft ins Land, alles wieder in Besitz zunehmen, unperturbiret zugeniesen, zuverhandeln, und damit nach Belieben zuschalten vnd zuwalten freye Macht vnd Gewalt gelaszen seyn.

XXVII.

Alle Obligationes, publique vnd privat-Pfand-Verschreibung, Rechtmäszige Pacta, Transactiones und Contracten, und die judicat geworsdene Urtheile, sollen alle Ihre undis-

bunden, nachmals aber sich hieher begeben, und ein Crimen laesae Maiestatis begangen, darunter begriffen, welche man hiedurch sich expresse vorbehält, dasz Sie gehörend extradiret undt auszgegeben werden mögen.

XXVI.

Welche Ihro Grosz Czuarischen Mayt. Gnade undt Protection erkennen, denen wirdt diesze Douceur vorbehalten, so aber Jemand abweszend ist, dem wird eine Frist von einem Jahre und 6 Wochen erlaubet in foro competenti zu prosequiren, wozu Sie aber Ihro Grosz Czaarische Mst. Protection vorher imploriren müszen, alle aber die ausz Lief- und Ehstland, und alsz Ihro Grosz Czaarischen Mst. unterthanen angesehen werden können, müszen zurück bleiben.

XXVII.

Dieszer Punct wird laut der Rigischen und Pernauschen Capitulation zwar zugestanden, weilen man aber nicht absehen kan

putirliche Vollgültigkeit und **Krafft** behalten, imgleichen auch alle andere rechtmäszige Praetensiones völlig in Ihrem vigeur bleiben und gelaszen werden.

XXVIII.

Dasz die Ritter- vnd Landschafft samt Landes Bedienten Häuszer und Plätz so wohl auf dem Dhomb als in der Stadt in vnd auszerhalb, mit keinen Einquartirungen, Contributionen, Wachten, Arbeits-Tagen, Schüszungen vnd dergleichen beleget, sondern wieder alle solche und andere onera protegiret, vnd Salve-gardiert werden mögen; als welches ohne dem auch der Ritter- und Landtschafft Privilegien conform.

XXIX.

Dasz die im Lande befindlichen Gerichtspersohnen sowohl durchgehends insgemein, als ins besonder, Ihres geführten Amts wegen und was Sie wieder jemanden, Er seye was Standes, Condition oder Herkommens Er wolle, geurtheilet oder verhengt haben möchten, weder mit Worten beschuldiget, noch deszhalb zu einiger Verantwortung gezogen, vielweniger thätlich angegriffen, noch Ihnen einiges Leyd, Gewalt vnd Unrecht zugefüget werden solle.

XXX.

Dasz die Ritterschafft vnd Landes Eingeseszene freye Macht haben sollen, so lange in der Stadt zubleiben, als Sie es nöthig befinden, vnd dabey wie auch wann Sie nach Lande reisen so wohl auf der reise als auf Ihren gütern, vnd sonsten zu Lande Ihrer Grosz Czarischen Maytt. hohe Protection und Sicherheit in allen stücken, und ohne Behinderung von jemanden auch nach eigenem belieben zu den Ihri-

wie Ihro Grosz Zaarische **Mayt**: zu bezahlung J. K. **Mayt**. von Schweden (icll-der könten obligiret werden, wird Ihnen frey gelaszen deszfals Ihro Grosz Czaarischen **Mayt**: Gnade selbsten zu imploriren.

XXVIII.

Accordatur.

XXIX.

Dieszer Punct wird völlig concediret.

XXX.

Dieszer Punct wird ohne exception placidiret.

gen, ab- und zu-zureisen, und nebst
allen Einwohnern des Landes, den
allgemeinen Land- Stadt- vnd Hausz-
Frieden zugeniesen haben sollen;
Solte aber einer wieder der Hohen
Obrigkeit Gesetze vnd Verordnungen
(: welches der Höchste verhüten wolle:)
etwas pecciren, dasz derselbe alsdenn
allein nach allgemeinen landüblichen
Rechten vorgenommen und bestraffet,
solches aber zu Keines andern, vielweniger einer gantzen Commun praejuditz exaggeriret werden möge.

XXXI.

Dasz auch sowohl in dem Ober-
als in den Unter-Gerichten Keine andere Richter als bishero gewesen,
noch bey der Cantzeley oder sonsten
einige andere mehr, als die bisherige
Teutsche Sprache introduciret, und
das land mit Keiner Chart: Sigill:
beschweret werden möge.

XXXII.

Dasz alles, was aus denen Kirchen zu Lande nach der Stadt zur
Sicherheit einsalviret worden, ungekränkt bleiben und sicher wieder
nach Lande gebracht werden möge.

XXXIII.

Und gleichwie die Dhombsche
Kirche von alters her der Ritterschafft
Kirche gewesen, in welcher dieselbe
Ihre Erbgestühlte und Begräbnüsze
haben, so wird dahero gebeten, dasz
Selbige der Ritterschafft conserviret,
vnd kein ander als der Teutsche Gottesdienst darinnen gehalten, wie imgleichen die Leichen darinnen nicht
gerühret werden mögen.

XXXIV.

Dasz alle diejenigen, welche hier
zubleiben keine inclination haben
möchten, die Freybeit gelaszen werde,
innerhalb Jahr und Tag, sich nebst
Ihrer Familie und Gütern (: mit Freyheit Ihre mobilien zuveräusern:) nach

XXXI.

Dieszer Punct wirdt völlig
gestanden, undt accordiret,
nur dasz die Sublevation
der Chartae Sigillatae bisz
zu Ihro Grosz Zaarischen
Mayt. allergnädigsten Disposition auszgesetzet bleibet.

XXXII.

Wirdt völlig placidiret.

XXXIII.

Dieszes alles bleibet bey
der alten Gewohnheit, undt
wie es vor alters her der
Ritterschafft Kirche geweszen, alsz werden Ihro
Grosz Zaarische Mayt: wie
bey allen ihren Privilegiis,
undt Immunitäten, auch
dabey, und wasz demszel-
ben anhängig, dieszelbe
allergnädigst conserviren.

XXXIV.

Wirdt völlig accordiret.

auswärtigen Orten, wohin es auch
seye, sich weg zubegeben, dahingegen, welche sich anitzo in der Frembde
entweder in- oder auszerhalb Schweden aufhalten, innerhalb Ein Jahr
vnd Sechs Wochen sich wieder einzufinden, und das Ihrige an diesem Orth
ungehindert wieder zubesitzen, da
Sie aber nicht anhero zukommen ge-
dächten, eine audere disposition mit
dem Ihrigen zumachen, und daszelbe
frey wegbringen zulaszen bemächtiget
seyn sollen.

XXXV.

Dasz alle Beleidigungen, welche
vor und unter währender Belagerung
geschehen, sowohl als was auch vorhin passiret, vergeszen seyn, und
niemand deszhalben zu leyden kommen solle.

XXXVI.

Dasz so wohl bei Einlegung der
Guarnison als sonsten zu allen Zeiten keine Visitirung oder Angriff eines jeden haabseeligkeit so wohl
in der Stadt als auf dem Lande geschehe, sondern ein jeder mit alle
dem Seinigen unperturbiret und gesichert bleibe.

XXXVII.

Weil die Stadt Narva samt denen hieherwerts belegenen Kir[ch]-
spielen, Waiwar, Jewe, Luggenhusen
und Maholm mit nach Ehstland gehören, so haben besagte Kirchspiele
gleiche Privilegia und Rechte mit
diesem Hertzogthumb Ehstland zugeniesen; wie Sie denn auch vor diesem allezeit unter der Revalschen
Jurisdiction gezogen worden.

XXXVIII.

So wird auch aufs allerkräfftigste
praecaviret und bedungen, dasz alles
das jenige, so anitzo hierinnen veraccordiret worden, punctuel und richtig
gehalten und aus keinerley Ursache
oder Vorwand von einem oder an-

XXXV.

Dieszer Punct wird vollenkommen placediret.

XXXVI.

Dieszes wird der Billigkeit
nach völlig placediret.

XXXVII.

Hierüber hatt man sich
schon oben § 2do zur gnüge
expliciret undt konnen
Ibro Grosz Zaarische Mayt.
auch noch deszfals implo-
riret werden.

XXXVIII.

Wirdt völlig accordiret.

dern Ihro Grosz Czarischen Maytt. Bediente, wie Sie Nahmen habeu mögen vnd wer Er auch seye, einige Schwerigkeit, vielweniger einige chicane weder von voriger noch jetziger Zeit hergenommen, gedacht, noch vou jemanden movirel werden solle oder möge.

XXXIX.

Demnach Ritterschafft und Landes Eingeseszene wegen der Streyfereyen sowohl von Ihreu Pferden, und Vieh, als sonsten auch andere Haabsceligkeit hin und wieder salviret, so wird gebeten, nicht nur unbeschrenckte Freyheit und darzu benöthigte Päsze und Salve Garden, dasz ein jeder sein Vieh, Pferde und Haabseeligkeit aufsuchen möge vnd könne; wie denn auch dieses gebeten wird, dasz der Ritterschafft und den Landes Eingeseszeneu Ihr Vieh und Pferde, so von den Höfen vorher vnd auch währender bloquade hier nmb die Stadt genommen worden, einem jeden restituiret werden möge, weilen solch Vieh und Pferde die Seele von den Gütern vnd der Landt Hauszhaltung seyn.

XL.

Dasz man auch im übrigen was sowohl aus der Rigischeu als aus der Peruowschen Capitulation dieser Ritterschafft vnd Adel samt Landes Bedienten und Eingeseszenen auf einige weise dienlich seyn könte, ebenfals zu statten kommen und zugeniesen haben sollen, eben als wann solches alles wörtlichen mit alhier eingerückt wären.

XLI.

Dasz nach unterschriebener dieser Capitulation, die Ritterschafft vnd Landes Eingeseszenen mit den Ihrigen wegen so hefftig anhaltender Seuche ein jeder sicher nach Laude reiseu möge, und weder auf der reise noch

XXXIX

Wie dieszer Punct der Billigkeit gemüsz, alszo wird er auch in so weit accordirct, alsz man davon excipiret, dasz das Jenige, wasz vor der Belagerung alsz eine Feindtliche Beute genommen worden, nicht vollenkommen restituiret werden kan, Jedoch versichere den Schaadenleydenden, (: wo er wasz von dem Seinigeu erkennet:) zur möglichsten recuperirung zu verhelffen.

XL.

Wirdt völlig zugestanden.

XLI.

Dieszer Punct wirdt völlig placediret, undt habeu sich die Jenigen welche sich ausz der Stad auf ihre Güter wegbegeben wollen, nur bey mir au-

73

auff Ihren Höffeu von Ihrer Grosz Czarischen Maytt. Trouppen, Sie seyen regulier oder irregulier kein Leid zugefüget werde, weder an Ihren eigeneu personen, noch Ihren Angehörigen, Gütern, Brieffschafften und Urkunden, noch auch iu der Stadt vnd in Ihreu Häuszern einiges Leyd noch gewalt zugefüget werde.

Alle diese ohangeführte Puncten, wie Sie in gegenwärtiger Capitulation von mir accordiret vnd eingegangen worden, versichere Ich festiglich, dasz dieselbe iu allen vnd jeden stücken vnd Clausuln, ohne einige Exception unverbrüchlich gehalten, auch Ihre Grosz Czarische Maytt. Selber allergnädigst zu ratihabiren geruben werden. Zu welchem Ende zwey gleichlautende Exemplaria verfertiget, vnd von beyden Theilen eigenhändig unterschrieben vnd versiegelt werden soll. So geschehen im Hauptqvartier Harck bey Reval den 29. September ao. 1710.

zugeben, da Sie dann so woll mit benötigte Päsze, alsz schrifftl. und lebendige Salve-guarden versehen werdeu sollen.

R f bauer. (L. S.)

Ihro Grosz Czaarischen Mayt. Meines allergnädigsten Herrn Bestalter General Lieutenaut von der Cavalerie, Ritter desz weiszen adlers, Obrister über das löbliche Kiowische Dragoner Regiement, und Commendeur über die bey Reval stehende Trouppen.

Renauld d'Vngern Sternberg.
(L. S.)

Fabian Ernst Stael von Holstein.
(L. S.)

von wegeu Land Räthe u. sämtlicher Ritterschafft.

Interims-Revers

der estländischen Ritterschaft vom 1. October 1710.

vgl. Capitulation der Ritterschaft § 23.

Nach dem alten im Ritterschafts-Archive befindlichen Protocolle
und dem mit *B* bezeichneten sehr undeutlichen Verzeichnisse der
Unterschreibenden. Ungedruckt.

Demnach wir untengeschriebene von der Ritterschafft und Landes
Eingeseszenen vermöge der veraccordirten Capitulation durch Ihro
Excell. H. Gen. Lieutenant Bauer Ihro Grosz Czarischen Maytt.
allergnädigste Declaration erhalten
und so ferner wie in dem Pernauschen Revers von wort zu wort stehet [1]).

Gegeben Reval den 1. October Anno 1710.

Dieses ist unterschrieben, wie nachfolgende
Namen ausweisen sub *B.*, auf der Landt Stube
Nachmittag umb 3 Uhr.

B.

Gerhard v. Lode	Detloff v. Derfelden.
Renauld d'Ungern Sternberg	B. J. v. Derfelden der Junge
Gustaf Christian v. d. Pahlen.	Wolmar Otto v. Derfelden.
B. R. Wrangell	G. W. v. Essen
F. v. Löwen	B. v. Uxküll Guldband
T. v. Tiesenhausen	Erich Wilhelm Wartman
T. v. Bellinghauszen	Jacob Baggohuftwud
O. F. Wrangell	Wolter Reinhold Grünewald
Nick. Stackelberg	G. F. Klebeck
Wilem Friedrich v. Lieven.	R. v. Hyerd (Styerd?)
B. H. Bistram	W. S. Wrangell
G. G. Wrangell.	Gustaf B. Helffreich
B. J. Wrangell	Carl Wrangel von Köndes.
C. R. Waldeck.	Georg Gustav v. Klugen.
B. J. v. Tiesenhausen in Abwe-	Joh. Gust Gross.
senheit.	Gustav Berg von Lüders
Baron Meyendorff	R. v. Hyerd (Styerd?)
Arend Derfelden.	Otto Derfelden
Wilhelm Rehbinder	Christof Derfelden
B. J. v. Derfelden	Christof Adam Richter

1) Vgl. unten in den Beilagen.

J. W. Ulrich.
Detloff Wl. v. Salza
D. P. Hertzog
Jacob Hinr. Ulrich
Franz W. Knorring
Joh. Baranoff
Cap. Rudolph Stackelberg
Gerh. v. Schreitenfeld
Georg v. Brömsen
Magnus Joh. Tolken
Hans Ludwig Fock
Conrad v. Ungern Sternberg
C. L. Taube .
G. v. Zöge
Berend Stakelberg
Carl Rehbinder
A. W. Rehbinder
Claus Gustav Essen
Fried. Knorring
Georg Diedrich Paykül
R. J. v. Schlippenbach
A. R. v. Rosenthal.
Fromhold v. Tiesenhausen
- H. Buxhöveden
Philipp Heinrich v. Dessin
- Salomon Joh. Buxhöveden
Joh. Märtens
Ernst Gustav Delwig
- Adam Joh. Buxhöveden
G. G. Probsting
Kunigunda Dorothea Taube,
    Wittwe von M. . . . . . (?)
Gerhard v. Hönnighausen.

Joh. Scheurman
Jochim Balck
Magnus Nieroth
H. v. Jerlin (?)
E. G. v. Schuf
C. R. Stackelberg
O. R. Ulrich
Fr. Maria Elisabeth Ulrich.
Detloff Joh. Sommer
Christoph Georg Baranoff
Detloff Joh. Wrangel
Joh. Hastfer
Gust. Ulrich.
Carl Gustav Duclau
Anna Margaretha v. Leslie
Otto Joh. Taube
Hans Henrich Strieck
Henrich Joh. Knorring
Brigitta Elisabeth Vitinghoff,
    Wittwe . . . . . . (?)
Carl Gustav v. Stahl
H. H. v. Fersen
Carl Gust. Strieck
Anna Maria v. Plazbeck Sel.
    (Schlosz?) Capit: Joh. El-
    vering nachgel. Wittwe.
Jürgen v. Stahlen
Joh. Jac. Richter
Franz Scharfwald
- Joh. Buxhefdn.

Huldigungseid

der estländischen Ritterschaft vom 22. Februar 1711.

Nach dem im Ritterschafts-Archive zu Reval befindlichen Original auf Papier, welches unter der Formel die Unterschriften und Siegel der Schwörenden trägt, aber jetzt unvollständig ist. Doch lassen sich die fehlenden Namen (von *) an) aus dem vorhandenen Protocolle ergänzen. •

Gedruckt ohne die Ergänzung bei Paucker: Wrangell's Chronik von Ehstland S. 214—216.

Der Ritter Eydt.

Ich N. N. gelobe und schwere bey Gott und seinem Heiligen Evangelio dasz Ich dem Allerdurchläuchtigsten Groszmächtigsten Czaaren und Herrn Peter Alexiewitz des gantzen Groszen, Kleinen und Weiszen Ruszlandes Imperatoren, auch Selbsterhaltern etc. und nach dero Tödlichen Hintrit (welchen Gott noch viele Jahre verhüten wolle) Ihro Grosz Czaarischen Hoheit den Cron Printzen und so ferner von Erben zu Erben welche zufolge der vollkommener Erbgerechtigkeit zum Reiche und nach der Successionordnung den Grosz Czaarischen Thron besitzen werden, nachdem nunmehro auch dieszes Hertzogthumb Ehstlund unter dero hohen Schutz und Bohtmäszigkeit gerathen, vor meinen rechten Herrn und Czaare halten, auch jederzeit ein hold- getreuer und redlicher Diener und Unterthan sein will. Soll mich auch zum allerhöchsten angelegen sein laszen Ihro Grosz Czaarischen Maytt. zugehörige Hoheiten und gerechtigkeiten nach meinen besten Verstand und Vermögen in Acht zu nehmen, dagegen aber nicht allein nach allen Kräfften hindern und abwehren, wasz zu Ihro Grosz Czaarischen Maytt. und dero Reiches unheil und verderben angesehen sein kan, sondern auch in allen occasionen, insonderheit (da Gott behüte dieses Hertzogthumb feindlich solte angefochten werden) mich wieder alle Ihro Grosz Czaarischen Maytt. Feinde, mit Ansetzung Guthes und Blutes Mann vor Mann dergestalt verhalten, wie es einem getreuen diener und geschwornen unterthan gegen seinen natürlichen Landes Herrn Eydes und Gewiszens halber eignet und gebühret, alles ohne argelist und gefährde. So wahr mir Gott helffe an Leib und Seel. Abgeleget an Ihro Hoch Fürstl. Durchlauchtigkeit in Reval auf der Oberlandgerichts Stube d. 22. Februarii Ao: 1711.

Fridrich v. Löwen
Land Rahtt.
(L. S.)

Renauld d'Ungern Sternberg
Land Rath.
(L. S.)

Gustaf Christian von Der Pahlen
Landrahtt
(L. S.)

Otto Fabian Wrangell
Land Raht
(L. S.)

Tönnis Johan von Bellingkhausen
Land Raht
(L. S.)

Adam Johan Uxkül
Landt Raht
(L. S.)

Magnus Wilhelm Nieroth
Landt Rath
(L. S.)

Hans Henrich von Tiesenhausen
Land Raht
(L. S.)

Berendt Johan Mellin
Landt Raht mpp.
(L. S.)

Bengtt Heinrich von Bistram
Landraht.
(L. S.)

Jochim Fridrich v. Lieven
Land Raht
(L. S.)

B. J. Wrangell
Ritterschafft Haupt M.
(L. S.)

B. v. d. Pahlen.
(L. S.)

Carl Wrangell von Köndes.
(L. S.)

F. E. v. Bellingkhausen
Manrichter in Harien

Berndt F. Schulman
Manrichter in Jerwen vndt
Wierlant.

Rettgert Otto von Der Felden
Manrichter in der Wyck
(L. S.)

Jacob Henrich Ulrich
Hackenrichter in Harjen.
(L. S.)

Frantz Wilhelm R[adi]ng
Jerwischer Hackenrichter
(L. S.)

E. G. v. Schüttz
Hackenrichter In wierland.

F. E. Stael von Holstein (L. S.)

Carl Reinhold Rehbinder
Hacken Richter in Wieck
(L. S.)

Otto Constantin Üxküll (L. S.)

Georg Gustav Wrangell

Jürgen von Stahl (L. S.)

Berndt Wilhelm Taube (L. S.)

C. R. Waldeck (L. S.)

Gustav Magnus Rehbinder (L. S.)

H. H. Fock (L. S.)

Hansz Christopher v. Roht (L. S.)

F. Knorring (L. S.)

B. H. Tiesenhausen (L. S.)

J. J. Wrangell (L. S.)

Clas Gustaff von Essen (L. S.)

Gotthardt Wilhelm von Essen (L. S.)

Carl Ludwig Taube (L. S.)

Carl Gustav von Stahlen (L. S.)

Friedrich Johan von Stahlen (L. S.)

C. v. Der Felden (L. S.)

Gerhardt von Schreiterfeldt in Ermangelung meines Pitschaft.

Johann Andreas von Der Pahlen (L. S.)

G. J. Zöge (L. S.)

Fabian von Fersen (L. S.)

Otto Johan Taube (L. S.)

Johan Baranoff (L. S.)

Clos Reinhold Stackelberg (L. S.)

Hans Georg v. Morenscild (L. S.)

Gustaff Berg (L. S.)

Hans Heinrich v. Fersen (L. S.)

Frombold v. Tiesenhausen (L. S.)

Wolmer Otto von Derfelden (L. S.)

Berrend Johan von Derfelden (L. S.)

Magnus Wilhelm Nieroth (L. S.)

George Gustaff Baranoff (L. S.)

Hans Fudwig Fock (F. S.)

Friedrich Johan von Zöge.

Carl Wrangell (L. S.)

Hans Hindrieck Strieck (L. S.)

Carl Gustaff Strieck (L. S.)

Georg von Brömsen (L. S.)

Dettlof Helffreich (L. S.)

Carl Wilhelm Rehbinder (L. S.)

Gustav Bernhard Helffreich (L. S.)

Robert Stackelberg (L. S.)

Adam Johan Nasacken in Ermangelung des Pettschaffts.

Hinrich Johan Knorring (L. S.)

Carl Gustav Lilienfeld (L. S.)

Claudius Georg Üxküll (L. S.)

Berndhard v. Mohrenschildt (L. S.)

Carl Georg Mohrenschild (L. S.)

Rettgert Johan Wrangell (L. S.)

Fabian Meyendorff auez dem Hause Üxkul (L. S.)

Magnus Nieroth (L. S.)

Fridrich Baranoff (L. S.)

Erich Wilhelm Wartmann (L. S.)

Berrend Johan Wartmann (L. S.)

*) Nicl. Stackelberg.
Nicl. Reinhold Wrangel.
Philipp Joh. Brummer (?)

B. W. Ulrich.
Hindrich Wulfframsdorff
in Mangelung meines Pittschaffts.
Jacob Friedrich Peetz.
Joh. Gustav Grass.
B. W. Mohrenschild.
F. Knorring.
Berend Uxkül Güldenbandt.
P. J. v. Salza.
G. F. Klebeck.

Carl Gustaff Brandt,
in Mangelung meines Pittschaffts.
David Philipp von Hertzog.
C. J. v. Hüene.
Christoffer v. Derfelden.
Friedrich Toll.
Carl Joh. Gersdorff.
Friedrich Wilhelm Toll.

Jürgen Joh. Wrangell.
J. W. Schlippenbach.

Adam Joh. v. Buxhoveden.')

Moritz Wrangel.
J. G. Hastfer.
Reinhold Ramm,
in Mangelung meines Pittschaffts.
Jürgen Gustaf v. Klugen.
Adam Johann Buet (?)
in Mangelung meines Pitschaffts.
Carl Johann Wrangell.
E. G. v. Delwig.
Frantz Wilhelm Knorring.
Philipp Heinrich v. Dessin.
Wolter Reinhold v. Grünewaldt.
Hans Wrangell.
Berend Jürgen von Lanting-
hausen
in Mangelung meines Pittschaffts.
P. F. v. Hüene.

Hans Ernst Maydel.
Joh. Diedr. Wrangel.
Bernd Otto Taube.
Moritz Hinrich Gerstorff.
M. F. v. Gersdorff.
Hinrich Adolph Kursell
in Mangelung meines Pittschaffts.
C. W. v. Toll.
F. J. v. Buxhöveden
in Mangelung meines Pittschaffts.

1) Im Protocollo ist noch bemerkt:
„1711 d. 27. Febr. durch den .... (ober?) Auditeur Nestler bestellt worden
nebst der Specification der gefangenen."

Zarische Generalconfirmation
der Privilegien der estländischen Ritterschaft
vom 1. März 1712.

Original auf Papier in russischer und deutscher Ausfertigung mit
Peter I. Unterschrift und Siegel im Ritterschafts-Archive zu Reval.

Gedruckt bei **Ewers**, Ritter- und Landrecht S. 5—8
(deutsch); **Paucker**, Wrangells Chronik von Ehstland
S. 217 (russ. u. deutsch).

Мы ПЕТРЪ первый царь и самодержецъ всероссійскій;

Обіавляемъ симъ ічиним. Извѣстно, Понеже наши вѣрные под-
данные всѣ шляхта княженія Эстляндского чрезъ отправленныхъ
крѣпко намъ вѣрныхъ Лантъ ратовъ, рейнъ Голта Барона фон
Унгера, ігендриха Бистрома, о подтвержеіи древнихъ ихъ
привилей, правъ, суда, правосудія, Грамотъ Уложения, и досто-
хвальныхъ обыкностей, какъ онѣ отдревле Бывшихъ начальствъ
оные а імянно откоролей докоролей отгог мейстеровъ догог
мейстеровъ и отГосударей догосударей получалі имѣлі, вовся-
кой покорности насъ просілі, и Мы о ихъ непремѣнной кнамъ
подданнѣйшей вѣрності ідолжності, И нашимъ царскимъ Наслѣдникомъ весма обнадежены, того раді Мы имъ милостиво
того отрещи нехотѣлі, Но симъ и силою Сей нашей іавной
Грамоты подтвержаемъ ихъ полное евангельской вѣры отпра-
вленіе, иритомъ все ихъ отдревле полученные привиліи, поми-
реніе, Соизволеніе, права, правосудіе, Грамоты Уложения, ихри-
стіянскіе достохвальные обыкності, Прикоторыхъ Мы оныхъ
противъ всѣхъ защищать ибороніть обещаемъ, какъ они откоролей докоролей, отгог мейстеровъ догог мейстеровъ отгер
мейстеровъ догеръ мейстеровъ И отГосударей догосударей оные
получали імѣли; Такоже оныхъ всемилостивѣйше обнадежи-
ваемъ, ихъ самихъ, Инаслѣдниковъ ихъ непремѣнно присемъ
содержать изащищать іакоже Мы, раді того всѣмъ Нашимъ высокимъ и ипскимъ командиромъ мѣстъ івсемъ онымъ которые
намъ подданнѣйшею должностию ипокорностию обязаны Симъ
ревностно Повелѣваемъ, дабы оные противъ того никакого по-
мешательства, или вреду неприключалі, иприключать недопускалі,

Наипаче впотребныхъ Случаяхъ притомъ защищать и содержать должни Были. Княжнщему Свидѣтельству итвердому Со-
держанию, Мы Сие Собственною рукою подписали, iнашею цар-
скою печатью Утвердить Повелѣли, еже Учинено въ Санктъ
пнтербурхе, Марта 1-го дня 1712 году.

(L. S.)

Петръ.

Wir Peter von Gottes Gnaden, Czaar
und Beherrscher aller Reussen * * *

Fügen hiermit zuwissen: Demnach Wir von Unseren getreuen
Unterthanen der sämbtlichen Ritter- und Landschafft des Herzog-
thumbs Ehstland, durch Ihre Abgefertigte, die Edle Vest und
Mannhafte beyde Land Räthe Reinholt Baron von Ungern Sternberg, und Benct Heinrich von Bistram in gebührender Unterthänigkeit umb confirmation und bekräfftigung Ihrer uhralten Privilegien, Rechten, Gerichten, Gerechtigkeiten, Recessen, Statuten,
und löblen Landes Gewohnheiten, die Sie von Ihren Obrigkeiten,
als von Königen zu Königen, von Hochmeistern zu Hochmeistern,
Meistern zu Meistern, Herrn zu Herrn, empfangen, und bis anhero
frey gebrauchet, in aller Unterthänigkeit angelanget und ersuchet
worden: Als haben Wir Ihnen aus Kayl: Gnaden und Hulde,
solche nicht versagen wollen, sondern wie Wir Uns Ihrer beständigen allerunterthänigsten Treue gegen Uns, und Unsere Kayl:
Successoren gänzlich versichern;
So confirmiren Wir hiermit, und in Krafft dieses Unsers offenen Briefes Ihnen das freye öffentliche Evangelische exercitium
Religionis, und danebst Ihre uhralte Privilegia, sowohl auch Ihre
uhralte Verträge, Beliebungen, Rechten, Gerichte, Recesse, Statuten, Christliche Landes Gewohnheiten, und Gebräuchen, bey welchen Wir Sie wieder männiglich erhalten, schüzen, und handhaben, wie Sie dieselben von Königen zu Königen, Hochmeistern
zu Hochmeistern, Meistern zu Meistern, Herrn zu Herrn, erwor-
ben und genoszen, versprechen Ihnen auch allergnädigst, dasz
Sie und Ihre Nachkommen bey dem allen immerwehrend erhalten,
und gehandhabet werden sollen. Wie Wir dann in folge deszen,

allen Unsern hohen und niedrigen Befehlshaberen der orthen, und allen denen, welche Uns mit allerunterthänigster Pflicht und Gehorsamb verbunden sind, hiermit ernstlich gebiethen und anbefehlen, dasz Sie Ihnen darwieder Keine Hindernüs oder Nachtheil selbsten zufügen, oder durch andere zufügen laszen, sondern Sie vielmehr in benöthigten Fällen darbey schützen und handhaben sollen. Uhrkund deszen haben Wir dieses mit eigener Hand unterschrieben, auch Unser Kayl: Secret darunter drucken laszen. Gegeben zu S. Petersburg den 1. Martii Anno 1712.

Beilagen.

I.

Capitulation

der schwedischen Garnison in Pernau

vom 12. August 1710.

Nach einer im Ritterschafts-Archive zu Reval befindlichen Notariatsabschrift vom 16. Aug. 1710. — Ungedruckt.

Capitulations Puncta.

Welche von Ihrer Königl. Maytt. von Schweden bestallten Obristen und Commendanten Jacob Hindrich von Schwengeln bey Ubergabe der Königl. Stadt und Vestung Pernau, an Ihro Grosz Czaarischen Maytt. Herrn General-Lieutenant Rudolph Felix Bauer zur Ratification und vollenkommentl. Festhaltung praetendiret worden.

Fürs 1ste

Wird also praetendiret, dasz gemelten Herr Obristen und Commendanten mit seiner gantzen Familie, Hausgenoszen und bedienten, sie mögen seyn und Nahmen haben, wer oder wie sie wollen, 2 Tage nach eingegangenen, zur Richtigkeit gebrachten und von beyden seiten völlig unterschriebenen diesen Capitulations-puncten, ein freyer und ungehinderter Aus- und Abzug, von hier den Landweg über Oesel nach Schweden gestattet, dieselbe allesamt und besonders an Ihren Persohnen in keinerley weise beleidiget noch gefährdet, sondern mit gnungsamer Schütze und guter Schütze Convoy, unter Commando eines der Teutschen sprache mächtigen Officiers, bis an den Sund begleitet, von dorten mit zureichlichen guten dichten Bohten und Fahrzeugen, auch dabey requirirenden übersetzere, ohne Aufenthalt und Beleidigung übergeholfen, und

Replique
Ad 1mum Punctum.

Wie dieser Punct in allen der billigkeit conform ist, als wird derselbe auch allerdings accordiret, und dem Wohlgebohrnen Herrn Obristen und Commendanten alle selbst verlangte assistence zu seinem Abzuge festigl. versprochen; weilen er aber ein eingeseszener Lieflländischer von Adel reserviret man sich hierdurch, wofern derselbe gäntzl. von hier nach Schweden wegzugehen intentioniret wäre, dasz er als dann sich zu verreserviren hat, in Spatio eines Jahresfrist, wider Ihro Grosz Czaarischen Maytt. noch Dero Alliirten sich auf einigerley Art und Weise in diensten einzulaszen. Sollte obbe-

nebst Ihme alle seine habende publique Amt-schrifften, und geflogene Correspondences, wie auch seine Ihm und denen Seinigen angehende privat-Schrifften, fahrende Haab und Güther, sie bestehen, worin sie wollen, in Schapfen, Kopffern, und Kasten, auch andern Behältnißzen, hin. eingeleget und verwahret, unangerühret, unaufgemachet und unvisitiret zugleich von hier mit aus- und abgefolget, keines weges aber weder bey Auszug von hier noch auf der Reiaz, zu Land oder waszer von Ihro Grosz Czaarischen Maytt. eigenen Trouppen oder dero alliirten an- oder aufgehalten, noch beraubet oder beplündert oder auf was Art und Weise es immer geschehen kann oder mag, um dasz was Ihme und seiner Suite zugehörig gebracht, sondern auf sothane Reise mit nöthigen und gnungsahmen Unterhalt und Schüsze in allen Stücken woll versehen werden möge.

2. Dasz dem allhier noch anwesenden Herrn General-Superindenten nebst allen denen Academie-Staat und Consistorien gehörigen Membris und Bedienten, auch Wittwen und Waysen, sowohl für Ihre Persohnen, familien, Hausgenoszen und Bedienten, als Dero Haabseligkeiten, sie bestehen ebenfals worin dieselbe wollen, ein freyer und unbehinderter Abzug gestattet, und derselben, wie auch dero voraus von hier weggezogenen Herrn Collegen, freunden und bedienten zukommenden nachgelaszenen Freyheit gegeben, und von allen denselben, weder hier bey der Stadt nichts durchgesuchet, angebacket oder weggenommen, sondern Dero Wahl frey gelaszen bleiben möge entweder zu Waszer oder zu Laude in Ihren vollenkommenen Sicherheit, ohn angefochten und unattaquiret zu bleiben, von hinnen fort nach Stockholm, oder wohin sie wollen, wegzugehen, und

meldeter Herr Obrister und Commendant aber allhier im Lande auf seine Güther verbleiben und Ihro Grosz Czaarischen Maytt. als seine hohe Obrigkeit in unterthäniger Devotion agnostiren wollen, wird ihm ein sicheres Zurückbleiben accordiret, wiedrigen fals aber der Abzug nach Schweden wohl erlaubet; jedoch dabey angedeutet, dasz er dadurch sich aller seiner in Ehstland und Liefland habenden Güthern, als ein Liefländer wird verlustig machen.

Ad 2dem Punctum.

Dieser Punct wird völlig in allen Stücken accordiret.

zu dem Ende sich die Ihrige und alle Sachen ungehindert wegzubringen, oder da sie auf Oesel zu gehen resolviret seyn sollen, sothanen weg und Reise ungehindert anzutreten, und mit dem Schutze fort zu helffen, auch unter weges wieder allerley anfecht- und Beeinträchtigung zu quarantiren, welches alles auch für die hier sich befindl. Civil - Bediente, welche sich bey Justice oder Oeconomie - Staat, bey den Kammer Licent oder Renterey oder sonsten wo befinden und Ihrer Dienstes halber allhier zu bleiben keine Gelegenheit haben oder nehmen wollen, expresse mit behandelt und bedungen wird.

3. Daferne von denen bereits von hier weggezogenen oder noch wegziehenden, es sey wer und wes Standes oder Condition er wolle, allhier bey jemanden, was an Geld, Güthern und mobilien, deponiret haben solte, oder noch deponiren wolte, so alsofort nicht mit fortgebracht werden kan, oder mag, so wird veraccordiret und bedungen, dasz denen Eigenthümern, oder Erben eine Zeit von Jahr und Tag concediret seyn möge, alles das Ihrige in mitler zeit hier zuveräuszern an wem sie wollen, oder an den Ort hin, wo sie wollen ohne Hindrung folgen zu laszen, und dasz denenselben zu solchem Ende von Ihro Grosz Czaarische Maytt. zur sicherer Fortbringung aufrichtige Päsze und Geleitsbriefe mitgetheilet werden möge.

4. Die bisher gestandene Königl. Schwedische milice sowoll bey der Artillerie, als auch dem Fortifications-Etaat, Cavallerie und Infanterie, bestehend in Regiment oder compagnie, Ober- und Unter Officiers, Staabbedienten, Prister und Auditeuren, Trompetern und Hautboisten und Gemeine, in Summa alle die in dieser Guarnisons bis hie gewesen und dazu gehören, bedingen für sich nach Krie-

Ad 3tium Punctum.
Dieser Punct wird denen, welche natione keine Liefländer seyn, völligst placediret, auch allen denen jenigen, so unter Ihro Grosz Gzaarischen Maytt. Schutz verbleiben wollen so woll in ihren mobilibus, so weit sie dieselben mit Recht maintiniren können, alle Securität und Sicherheit versprochen.

Ad 4tum Punctum.
Dieser Punct wird gleichfals völlig accordiret und eingegangen; wegen der Krancken so nicht gleich mit genommen werden können, wird ebenfals gesorget werden, dasz dieselben an einen bequemen Ort auszerhalb der Stadt, bis sie reconvalesciren,

gesmanier den andern Tag nach diesen unterschrieben und aggreirten Accords-Puncten einen freyen und ungehinderten Aus March durch die Rigische [Pforte] mit klingenden spiel, fliegenden fahnen und Estandarten, mit allen fertigen Ober- und Unter-Gewehr, Kugeln im Munde und bey sich habenden zehen Stück fertigen Patronen mit 4 Regiements-Stücken, und zum spiel gehörigen Instrumentis, mit ihren frauen und Kindern und Gesindes Leuten, Gezelten und allerhand Bagage nichtes ausgenommen, ihren Weg nach Arensburg anzutreten und fortzusetzen, und dasz Ihnen zu solchem Ende nicht alleine gnungsahme Schüsze zu guter fortkommung von Seiten Ihro Grosz Czaarischen Maytt. zugleich angeschaffet, würkl. zugestellet, sondern auch mit einer guten Escorte, damit sie wieder alle perturbationes Beleidigungen und Beraubungen des Ihrigen ihren Weg desto sicherer fortsetzen können, versehen werden mögen. Für die Krancken aber, welche nicht zugleich mit fortgehen können, accordiret man, dasz denenselben, und für Dero bey ihnen mit zurückbleibenden officiren, Feldtscheeren und bedienten ein bequehmes Dorf nahe bey dieser Stadt eingeräumet, würklich eingegeben, und so lange ungestört gelaszen werden möge, bis dieselbe reconvalesciret und sie ihren march denen andern zufolgen anzutreten capable werden können, auch dasz in so lange, denen mit zurückbleibenden Officiers, Feldtscher und Bedienten, so woll als denen Krancken selbst, der nöthige Unterhalt, und die auf dem Marche ordonnancemäszig gehörige Vivers aus Ihro Grosz Czaarischen Maytt. Cassa oder Dero Magazin gereichet werden möge.

5. Der Grosz Czaarische Maytt. Milice soll alsofort nach geschehener

verleget und mit nöthigen Unterhalt versehen werden mögen. Nur dasz alle hohe und niedrige militair und Civil-bediente, welche Liefländer seyn, allhier in Liefland, auf Ihre Güthern, Häusern und Wohnungen zurück verbleiben müszen.

.

Ad 5ten Punctum.
Was das Proviant betrifft,

Unterschrifft und Auswexelung dieser
Capitulations - Articul die Revalsche
und Waszerpforte zum EinMarch
und Besetzung der Haupt und gemel-
ter Thor- Wachten, auch derer dahin
gehörigen Auszen- und innen Wer-
cken eingeräumet werden, und wann
solche Besetzung der Pöste geschehen,
wird die disseitige Königl. Schwedische milice alsofort von Ihro Grosz
Czaarische Maytt. mit hinlängl. Unterhalt und Lohn, nach Schwedischen
Guarnisons-Staat unabgekürtzet, und
ohne eine Stunde daran mangel zu
haben, in guten genieszbahren Perseelen, versehen. In dem audern
aber, nach abgeschloszenen diesen
Accords - Puncten und so lange bis
diese Schwedische milice die Rigische
Pforte mit behöriger Wache besetzet
noch inne hat, wird derselben ohne
Unterscheid und Ansehen der Persohnen auf eine so kurze zeit sich die
Freyheit ihrer noch habenden quartire zu bedienen, in der Stadt herum
und in der Vorstadt aus und einzugehen und dasz Ihrige zu bestellen,
expresse vorbehalten und mit bedungen.

6. Im fall einigen von der aus-
zumarchirenden Königl. Schwedischen Guarnison, es sey hohe oder
niedrige Officires, Artillerie, fortifications oder Staabs Bedienten und Gemeinen, wer es wolle, ihr Bagage,
mobilien und Sachen nicht sollten zugleich mit führen können, so capituliret man, dasz ihnen Freyheit gegeben werden möge, entweder selbige
an den Meistbiethenden nach eigenem
Gefallen, zu veräuszern, oder selbige
bey jemanden in der Stadt zu deponiren, und nach Gelegenheit, nach
und weg zu hohlen, und dasz wann
selbige weggeholet werden sollen,
selbige sodann unvisitiret und unangerühret auch unberaubet ohne Auf-
legung eines Zolles oder Recognition
gefolget werden möge.

wird Ihnen dieselbe, aus-
genommen Geld, welches
man nicht in Cassa hat,
so lang zulängl. gereichet
werden; was das übrige
wegen besetzung der sich
vorbehaltenen Pforten und
freyem in- und Ausgehen
der Guarnison in ihren
quartiren so lange sie sich
noch darinnen befinden
betrifft, solches wird völlig accordiret.

Ad 6ten
Accordatur.

12

7. Denen Herren Officiren sowoll als gemeinen, von der Königl. Schwedischen Guarnison müszen auch ihre Victualia und Haus-Provision Persehlen, Sie mögen Nahmen haben wie sie wollen, nicht allein währender Ihrer Anwesenheit alhier sondern auch beym Aus- und Abzuge ohngeschmälert und unabgezwungen auch unvisitiret zn ihrem eigenen Besten und Nutzen gelaszen, denenselben auch, was sie noch einzukauffen nöthig haben möchten.

8.[1]) Accordiret man auf seiten dieser Königl. Schwedischen milice, dasz eyner, es sey wer es wolle weder gemachter publique noch privat Schulden halber, sie rühren her oder haben Nahmen, wie sie wollen, arrestiret oder in seinem Aus- und Abzuge gehindert werden möge, sondern dasz die Creditores mit solchen Ihren Schuldenern zu liquidiren, und von Ihnen sodann saubere Obligationes anzunehmen, schuld mit schuld compensiren zu laszen, oder ausstehende Quartier-Gelder in Solutum zu acceptiren, schuldig und gehalten sein mögen.

9. Sowohl von wegen denen Anwesenden als Abwesenden Militair-Bedieuten, leget man auch diese praecaution ein, dasz der jetzige Auszug der milice denenselben in ihren beweg- und unbewegl. Güthern, Schuldforderung, Erbschafften und eigenthümern, immissionen oder andere Gerechtigkeiten, es sey hier in Lief- oder Ehstland, in denen Städten oder zu Lande, in keinem Stücke, praejudiciret oder gefährdet, sondern bey solchen allen ihron Gerechtbarkeiten maintiniret und gehandhabt; Ihro Grosz Czaarische Maytt. selbsten auch, durch Dero hohe Ministere, Justice-Räthe und andere Obere und Unter

Ad 7=== Dieser Punct wird wie billig in allen accordiret.

Ad 9=== Punctum. Dieser Punct wird ebenfals placediret.

---

1) In der vorliegenden Abschrift fehlt die Replique auf § 8.

Befehlshabere, oder wie sie sonsten
mit ihren hohen Characteuren daselbst benennet werden, ein genaues
einsehen und reflexion darauf zn haben, in hohen Gnaden geruhen werden, dasz wann jemand von denen
jetzt mit ab- und nach Schweden zie-
henden, oder von denen, so bereits
daselbst oder anderwerts in Ihro
Königl. Maytt. diensten sind, auf ihre
anhalten der geleistete Eyd der Treue
erlaszen werde, und derselbe sich
nun sein Erb- Immissions- Pfand-
oder Arrende-Güther zubeziehen, und
wieder in possess zu nehmen, mit
Frauen, Kindern und Angehörigen,
im Lande wieder einstellen solte, solches ihnen nicht nur unbenommen
seyn, sondern solches alles das Ihrige
anzutreten, zu bewohnen und nach
Willen und Verstande zu disponiren
frey und ungehindert bleiben möge.

10. Sollte auch jemand von dies-
seitigen Königl. Schwedischen Militair
Persohnen, Civil oder andern Bedienten, hohen oder niedrigen Standes
durch Kranckheit oder andern drin-
genden Ursachen, nach denen veraccordirten 2en Tagen annoch länger
allhier zu verharren necessitiret seyn,
so bedingen sich dieselbe unter Ihro
Grosz Czaarische Maytt. würkl.
Schutze, ihre quartire unbeleidiget
zugenieszen, und dasjenige so sie für
nöthig befinden, ohne hindernis zu
betreiben, Ihre etwan habenden Schulden einzumachen, zu verhandeln und
zu transportiren, auch wann solches
geschehen, unter guten Päszen nach
Schweden oder Oesell zu Lande oder
zu Waszer anderwerts nachm Lande,
wohin sie wollen, unvisitiret aus-
zureisen.

11. Praetendiret man, dasz ebenfals die Auszer diensten sich befin-
dende Officirer, wie auch Wittwen
und Waysen von denen Militair und
andern Bedienten gleiches Rechts mit
Ihren Schulden und Wiederschulden,

Ad 10tem Punctum.
Wird völlig placediret.

Ad 11tem Punctum.
Accordatur.

wie vorhin gemeldet, um zu gehen,
Ihre Contracten, Obligationes und
Rechtbarkeiten zu verhandeln zu
transportiren und zu veräuszern, be-
fugnisz, und nach dem auch einen
ungehinderten freyen Aus- und Abzug in effect zu genieszen haben mögen, und dasz denenselbigen so nicht
zugleich mit wegziehen wollen, oder
können, unter Ihro Grosz Czaarische
Maytt. allgemeinen Schutz Jahr und
Tag zurüke zu bleiben, hernachmahls
aber, mit aller Hack und Pack mit
Päszen versehen, nach löbl. Orten zu
Lande oder Waszer ohnangefochten
und unberaubet, von hinnen und
wegzureisen ungewehret seyn möge.
12.*) Wann in vorhergehenden
Puncten verabhandeltmaszen die diesseitige Militz 4 Canonen, und die
Herrn Regiements- Compagnie- auch
Ober und unter-Officier nebst gemeine mit ihren fertigen Ober- und
unter-gewehr, Kraut und Loht, desgleichen mit Patronen sich versehen,
und zum Ausmarch zu sich genommen haben, So will der Herr Obrister
und Commendant die hier befindliche
Pulver-Thurme, alles darin verhandene Pulver und Ammunitions- nebst
andere Montirungs-Sorten wie auch
alles grosz und klein Geschütz, an
Ihro Grosz Czaarischen Maytt. einkommende und dazu bestellte Officianten [unter] Specification anweisen
und abliefern laszen.
13. So ist auch Wohlgemelter
Herr Obrister und Commendant er-
böthig, zu entdecken und anweisen
zu laszen, wo und an welchen Ort
die um und bey dieser Vestung gemachte minen mit ihren Vocaden an-
zutreffen und vorhanden sind, woge-
gen man auch des Vertrauens lebet,
es werde von Ihro Grosz Czaarische
Maytt. seiten, weder durch auswertig

Ad 13= Punctum.
Nachdem alle in der Ves-
tung gemachte minen,
nebst ihren Vocaden ge-
hörig entdecket, wird man
auch unserer Seiten sol-
ches gleichsam offeriren,
und weder die ausmar-
chirende Guarnison noch
keinen einigen, der ent-

2) Die Replique fehlt, eine solche war aber auch gar nicht nöthig.

angelegten minen noch heimlich feuer
diese auszumarchirende Guarnison
und alle diejenige, so entfeder alsofort, oder auf eine Zeit hernach aus
und nach dem Lande, es sey wohin
es wolle, zu reisen erlaubet ist, ebenfals nicht geschadet werden.

14. Der Herr Obrister und Commendant bedinget und capituliret
ebenfals für allen Dingen auch dieses, dasz Ihn weder werender Auszuge noch auf der Reise nach Oesel
und Arensburg das Commando und
die Justice Administrirung über seine
habende Officiren [und] Soldatesque
von Ihro Czaarischen Maytt. Regulier
und jrregul. Trouppen oder Dero
Allirten nicht disputiret, noch dasz
von denen einzurückenden Moscowitischen Völckern, der in denen veraccordirten 2en Tagen bey dem Riegischen Thore haltenden Schwedischen
Schiltwachten und auch denen in ihren quartiren noch befindl. Ofücire
und Gemeine nichtes incommodirl:
oder feindseeliges zugefüget, noch
auch die Schwedische milice auf ihre
Seite zu treten, weder heim- noch
öffentl: persuadiren, sondern vielmehr,
wann ja einer oder der andere [deser-
tiren] und überlaufen sollte, dasz derselbe auf begehren zur Bestrafung
und ferner anhaltenden Gehorsames
ohne Wiederrede ausgeliefert werden
möge.

15. Wird expresse bedungen und
praecaviret, dasz allenfals einer oder
anderer, in oder auszerhalb Militair-
oder Civil-Diensten, adelichen oder
bürgerlichen Standes hier sollte verhanden seyn, oder gefunden werden,
der vor, in, oder werender Krieges-
zeit Ihro Grosz Czaarische Maytt.
Hoheit selbsten oder Dero Trouppen
insgemein oder jemanden in Specie
beleidiget, oder auf was Art und in
was für regarde es geschehen seyn
möchte, etwas übels zugefüget hätte,
dasz solches an denselben in Keiner-

weder alsofort oder auf
einige zeit hernacher, wegen seiner Angelegenheit,
aus und nach dem Lande
gehen wolte, im gering-
sten Schaden zufügen
laszen.

Ad 14m Punctum.
Es wird dem Wohlgebohr-
nen Herrn Obristen und
Commendanten gar nicht
refusiret, sowohl hier als
auf dem March sein Com-
mando und Jurisdiction
frey und ungehindert zu
exequiren, diejenigen Persohnen aber welche aus
freyen Willen zurücke
bleiben, und entweder Ihro
Grosz Czaarischen Maytt.
Dienste suchen, oder son-
sten privat Handthierung
treiben wollen, sie mögen
heimlich oder öffentlich
zu uns kommen, können
keinesweges zum Abzuge
mit obligiret werden.

Ad 15m Punctum.
Dieser Punct wird in so
weit placediret, wann nicht
einige Militair und Civil-
bedienten welche Ihro
Grosz Czaarische Maytt.
mit Eyd und Pflicht ver-
bunden, nachmahls aber
sich hieher begeben, und
ein crimen laesae maiestatis begangen, darunter
begriffen, welche man hierdurch sich expresse vor-
behält, dasz sie gehörend

ley maszen gerochen, noch derselbe desfals zur Rede gestellet werden, sondern solches vergeszen seyn und derselbe Ihro Grosz Czaarische Maytt. hohen Schutzes und protection, er sey entweder des vorhabens nach Schweden wegzuziehen, oder hier im Lande zu bleiben, in der That zugenieszen haben möge. Diejenigen aber, so vor oder werender Belagerung dieser Stadt und Festung von Ihro Grosz Czaarischen Maytt. Trouppen oder Partheyen gefangen worden, sollen sogleich bey dem Einzuge, dafern noch welche hier verhanden sind, an Ihro Grosz Czaarische Maytt. abgeliefert werden, und hoffet man dagegen, dasz eben soviel und die gleicher Qualitaet Leute, von Ihnen wieder an dieser Seiten werden abgegeben werden.

16. Wann es mit dieser Capitulation zur behörigen Richtigkeit gekommen, werden auf seiten Ihro Grosz Czaarische Maytt. die behörige vorsorge tragen, die verlangte zureichliche Schüsze zum ab March der gesunden Milice aus dieser Guarnison alsofort anzuschaffen, auch der zur Reise sowol für hohe als niedrige Officier und Gemeine erforderl. provision nach Königl. Schwedischer Zug Ordnung und Feldt-Staat zu ordiniren, der sprache halber, die gnugsame Convoy unter eines Teutschen Officiers Commando von regulirten Trouppen dabey zu bestellen, welche die diesseitige Milice bis an den Oeselschen sunde convoyren und darobhalten, dasz dieselbe nicht nur mit vollenkommenen Schüsze für sothane Gesunde sondern auch aufm Marche etwan befallenden Krancken, sondern auch mit gnungsamen Unterhalt auf dem March, da tägl: nicht mehr als 2 Meilen marchiret und der 3te Tag zum refreuschirungs-Tag genommen wird, versehen. Hingegen aber denenselben zu queruliren oder darüber

extradiret und ausszergegeben werden mögen.

Ad 16m Punctum. Es wird von Ihro Grosz Czaarischen Maytt. Seiten alle mühe angewandt werden, so viel vorspann anzuschaffen als mügl: sein wird und zu ihrer freyen disposition bey dem ab-March abgegeben werden. Sollte aber der Vorspann nicht zugängl: sein, wird man sich bemühen ihre Meubel zu Waszer fort zu bringen; den March belangent, werden sie nicht zu wieder seyn 2 Tagen zu March Tag à 3ten zu ihrer Erfrischung zu nehmen; wegen des verlangten Proviants ist im 4ten Punct enthalten, so soll auch eine sufficente Convoy von einen Teutschen Commandeur mitgegeben werden, und fals einer aufm Wege kranck werden sollte, so wird der commendirende Officier

zu klagen, keine Ursache gegeben werden möge. Sollte aber resolviret werden, dasz die Milice über Waszer nach Oesell fort gebracht werden sollte, so wird bedungen, nicht allein gute Böthe und Bohts Leute ·dazu zu fourniren, sondern auch Officier und Gemeine, sodann mit 14 tägigen taugl: Proviant und Unterhalt zu assistiren.

17. Für alle diejenige Militair oder Königl: Civil-Bedienten, welche in und bey dieser Stadt und Guarnison sich befinden, sie sein hohen oder niedrigen, Adelichen oder Bürgerlichen Standes, und dabey zu Lande Erb- oder Pfand-Güther Immissiones oder Arrenden und in oder bey dieser Stadt Erb- oder Zinss-Gründe oder Häuszer haben, und besitzen, wird expressis verbis hiermit behandelt und accordiret, auch festiglich zu halten gesuchet, dasz denenselben welche bereits vorher wegzuziehen oder dringender inevitabler nothalber noch wegzuziehen forciret werden solten, ein freyer und ungehinderter Abzug sothanen ihren Güthern, und liegenden Gründen und Häuszern in umb und auszerhalb dieser Stadt oder zu Lande an ihren privilegien, immunitaeten, Recht und Gerechtigkeiten, sie mögen Nahmen haben wie sie wollen, in keine ersinnliche Maasze zur praejudice und Nachtheil gezogen, sondern beym Wiederkunfft im Lande und dieser Stadt alles wieder im Besitz zu nehmen, unperturbiret zu genieszen, zu verhandeln und damit zu schalten und walten frey povouer und competence gelaszen bleiben mögen. Nechst diesem allen so werden auch alle die Artic: und Puncta welche des Königl: Raths und General-Gouverneur Herr Strömberg Excellence bey Ubergabe der Stadt Riga bedungen, und sich auf dieser Guarnison und Vestung quadriren so als wenn sie von Wort zu Wort hier

schon sorgen, dasz er wohl möge in Acht genommen werden.

Ad 17ᵐ Punctum. Dieser Punct wird so wie es in der Riegischen Capitulations-Articul eingegangen, auch hier in allen accordiret, und unverbrüchl: zu halten versprochen.

incorporiret und einverleibet wären, in allen nutzbaren Stücken und passibus hiemit einaccordiret und aufs Fästeste zu halten, anfs beste gesuchet. 18. Für eine Hoch Edl: Ritter- und Landschafft sowohl insgemein, als insonders, sie seyn auszerhalb Militair oder gefangen, in denen Städten oder zu Lande gegenwärtig, in- oder auszerhalb Militair oder Civil Diensten constituiret, bedinget man, dasz alle ihre wohlhergebrachte Privilegien, Rechte, Gewohnheiten, Possessiones und Gerichtbarkeiten, sowoll in Geist- als weltlichen Sachen, so wie selbige von Alter Zeit her, von Heermeister zu Heermeister, Ertzbischöffen zu Ertzbischöffen, von Königen zu Königen, Obrigkeit zu Obrigkeiten acquiriret und genutzet werden können, ungekränckel zu laszen, dabey zu erhalten, zu bestätigen, sonderlich dasz sowohl im Lande als in denen Städten die bis hierzu in Lief- und Ehstland exercirte Evangelische Religion der unveränderten Augsburgischen Confession und von selbiger Kirchen angenommen Symbolischen Bücher, ohne einigen Eindrang, unter was Vorwand derselbe auch könte bedecket werden, rein und unverrückt conserviret, die Einwohnere im Lande und in denen Städten, und unter denenselben auch alhier in Pernau dabey Kräfftig und unveränderlich gehandhabet und bey Administration, tam internorum quam externorum Ecclesiae von alters her gewohnl: Consistorien und competirenden jurium Patronatus sonder Veränderung Ewigl: conserviret, ingleichen die Kirchen und Schulen wie im gantzem Lande und in denen Städten, also auch hier in Pernau bey der Evangelischen Lutherischen Religion und Lehre gelaszen und bey macht erhalten werden sollen. 19. Nechst diesem verlanget auch Ein Hoch Edl: Ritter- und Landschaft,

Ad 18m Punctum, Dieser Punct wird gleichfals ad normam der Riegischen Capitulation vollenkommenll: placediret.

Der 19te Punct. In diesen Punct wird we-

dasz der Justice ein ungehinderter Lauf, nach algemeinen Landüblichen Rechten und Gewohnheiten gelaszen und zu dem Ende, die Ober- und unter Gerichte albier in Liefland und auch in diesem Pernauschen Creysze, in ihren jetzigen membris und Bedienten unverrücket mainteniret, und auch derselben Acten und protocollen, ingleichen was bey selbigen an Obligationen, Testamenten und Pfänden verwahrlich liegen, ungekräncket bleiben, diejenigen aber so sich von diesen Justice-Staat, hier weder aufhalten wollen noch können, samt ihren familien, Bedienten und allen Deren Effecten frey und ohne einig Visitation, und Hinderung, wohin sie es verlangen möchten, von hinnen abzuziehen, verstattet oder da einige derselben nicht alsofort wegziehen könten, Ihnen eine Zeit von Jahr und Tag, entweder von hinnen mit allen denen ihrigen und ihren Effecten sich wegzubegeben, oder albier im Lande und bey denen Städten zu verbleiben, die Freyheit gegeben, auch auf den letzten Fall, denenselben sodann wie allen Unterthanen bey allen ihren mo- und immobilien aller schutz, Sicherheit und quarrantie geleistet, und im Fall sie abziehen wollten, mit Päszen versehen und allen guten willen unaufhältl: und ungehindert weggelaszen werden mögen.

20. Die publique Güther welche mit höchster Obrigkeit consens gemahlen verkauffet oder erpfändet worden, verbleiben in des Einhabers händen zum völligen geniesz und Besitz, bis sie mit contanter Zahlung reluiret; ingleichen werden die introducirte, Gratial- Tertial- und perpetuel und temporel- und Arrende-Güther billig beybehalten, und die Possessores dabey conserviret; So werden auch bey den völligen Geniesz und possess ihrer Pfandt-Rechten, und Arrende Contracten unter gen der Justice und Land Gerichte, auch in allen übrigen Desideriis, alles dergestalt accordiret, wie es in der Riegischen Capitulation placediret und eingegangen worden.

Der 20ste Punct. Ihro - Grosz Czaarische Maytt. hohe Intention gehet gar nicht dahin, Eine Wohlgebohrne Ritter- und Landschafft, welche dieselbe alsz ihren Rechtmäszige Hoch - Obrigkeit erkennen und in schuldiger Devotion leben und sterben, durch Gratial-Tertial- und Perpetuel-Arrenden ihre gegen dieselbe liegende Gnade und Generositet erkennen zu

sicheren Possessionen gesetzet und
fästiglich gehandhabet, alle diejenigen, Sie sein Adel oder nicht Adel-
Standes, welche zu Anfange und bey
Continuirung dieser Krieges Zeiten,
auf hoch Obrigkeitl: Verlangen, auf
die Croon Güther Gelder zu zahlen
und zu verschieszen angehalten worden, desgleichen welche sonsten einige richtige Lieferungen von ihren
Erb- Pfand- und Arrende - Güthern
der Croon Schweden es sey an Gelde,
Perseelen oder Geldeswerth praestiret,
selbige durch Contracten, Liquidation,
Transporten, Reversen, Quitungen
und Obrigkeitl: Resolutionen zu veri-
ficiren vermag, dasz solches einen
jeden nebst den an sich verhandelten
Inventario und andern rechtmäszigen
Praetensionen gutgethan und refundi-
ret werden mögen.

21. Die von der Ritter- und
Landschafft abwesend seyn, desgleichen allen Gefangenen Liefländern und
welche sich bey selbigen hinein ge-
heurathet, sie sein Adel oder Bürgerl:
Geistl: oder Weltl: Standes, dergleichen welche in werender dieser Krieges-zeit in der Moscowitischen Gränt-
zen hinein geführet sind, sie sein
Militair- oder Civil - Estaats, werden
von dannen erlaszen, und ein jeder
zu cultivirung seines im Lande habenden Guthes wieder hingeschaffet,
denenselben aber, welche sonsten in
der fremde und abwesend seyn, wird
1 Jahr 6 Wochen zeit bedungen zurück zu kommen, dasz ihrige frey
anzutreten, oder in solcher frist ohne
einige verkürtzung zu veräuszern,
transportiren, oder in diesen die disposition denen Nechsten anverwand-
ten, zu überlaszen, allerdings auch
allen Einwohnern und Naturalisirten
Lieflendern, wes Standes oder Condition sie auch sein mögen, eine solche
zeit und Frist bedungen wird entweder hier im Lande zu bleiben oder

geben, sondern wollen
vielmehr mit realen Gna-
den dieselbe distinguiren,
dasz ein jeder sein Eigenthum in totum restituiret
werden soll, wie solches
dann vorhero in denen
publicirten universalien
gnungsam kund gethan
ist, und darinn alle Gra-
tial- und Perpetuel-Arrenden zu cessiren exprimi-
ret worden; was aber
den Vorschusz betrifft,
wird solches Ihro Grosz
Czaarischen Maytt. aller-
gnädigst decision vorbe-
halten.

Der 21ste Punct.
Wegen der abwesenden,
bleibet denjenigen, so Ihro
Grosz Czaarischen Maytt.
Gnade in Unterthänigkeit
verlangen, eine zeit von
1 Jahr und 6 Wochen zu-
gestanden. Denen in Mos-
cau gefangenen Liefl: Edel-
Leuten, auch allen andern
cujuscunque status et con-
ditionis indigenis wird
Ihro Grosz Czaarischen
Maytt. Gnade, wie allen
andern en general versi-
chert, dasz sie zu dem
Ihren kommen und ge-
laszen werden sollen; die
aber gäntzl: von hier weg-
gehen, und gebohrne Lief-
lender seyn, müszen sich
gefallen laszen, dasz Ihre
Güther confisciret werden,
wie ihnen auch keine Be-
denckzeit verstattet wird,
die aber abwesend und
wieder kommen, wird

nach Beliebung wegzuziehen.

22. Alle Obligationes, pnblique und private Pfandverschreiben, Rechtmäszige Pacta, Transactiones und Contracten und die Judicat gewordene Sachen, bebalten alle undisputirlich ihre vollgüthigkeit, imgleichen dasz auch alle andere Kechtmäszige Praetensiones billig in ihren Vigeur gelaszen werden.

23. Dasz die Ritter- und Landschaft, wie auch alle Militair- und Civilbedienten häusern und plätze hier in- und auszerhalb der Stadt und Pernau gelegen, mit keinen Einquartirungen, Contributionen, Wachten, Arbeits-Tagen, Schüszungen und dergleichen, weilen in selbigen keine Bürgerl: Nabrungen getrieben wird, beleget und graviret, sondern wieder alle Zudränglichkeiten Einquartirungen und andern Bürgerl: Onera protegiret und salveguardiret, und wann ja eines oder des andern von E: Edl: Ritter- und Landschaffts Haus, in deszen Abwesenheit zur Einquartirung angesprochen, und damit beleget werden sollte, den Eigenthümer sodann die davor gebührende Quartier und heuer Gelder aus E: Edl: Raths Pernauschen Cassa richtig gezahlet, die Ritter- und Landschafft aber zu wieder der Adelichen Privilegien und immunitaeten sothaner Häuser halber für ihre Persohnen familien und Bedienten, oder Dero darrinnen befindlichen Eigenthum unter Eines Edlen Raths Jurisdiction oder Statuten auf keinerley Art gezogen werden mögen. Was demnach ein jeder von der Ritter- und Landschaft, sie sein Militair oder Civil-Bediente hier in der Stadt Pernau, es sey in seinen eigenen oder in Bürgersheuszern, speichern, Kellern, Gewolben oder wor es seyn sollte aufgehoben, verborgen oder verwahret haben möchten, an Geld, meublen, Korn, Saltz und derglei-

1 Jahr und 6 Wochen concediret.

Der 22ste Punct. Dieser Punct wird consentiret, und quadriret sich in allen wie es in der Riegischen Capitulation demselben Creysz accordiret worden.

Der 23te Punct. Dieser Punct wird in allen völlig concediret.

chen, dasz selbiges einen jeden, Niemanden ausgeschloszen, ohne einige
Hinderung, Visitation, als sein wah-
res Eigenthum wegzunehmen und
auszuführen frey stehen, Niemanden
aber davon das geringste weggenommen, oder deswegen denselben einige
Unwillen oder Schaden dabey zugefüget werden möge.

24. So versichern sich auch die
alhier befindl: Edel- und Landleute
Ihro Grosz Czaarischen Maytt. protection und clemence hierin freye Macht
zu haben, so lange in der Stadt zu
bleiben, als sie es für sich bequehm
und nöthig befinden oder auch nach
dem Lande auf ihren Güthern und
Arrenden bey aller Sicherheit und
ohne Behinderung von jemanden sich
hinzubegeben, folglich auch nach eigenen Belieben mit denen Ihrigen ab-
und zuzureisen und nebst allen Einwohnern des Landes den allgemeinen
Land- Stadt- und Haus-Frieden zugenieszen; da aber ja einer wieder
der hohen Obrigkeit Gesetze und Verordnungen (: welches der Höchste ver-
hüte:) etwas versehen und sich wo-
wieder verbrechen sollte, dasz derselbige alleine nach allgemeinen Landüblichen Rechten vorgenommen und
bestraffet, solches aber zu keines andern, vielweniger einer gantzen Com-
munion praejudice exageriret werden
möge.

Der 24ste Punct.
Dieser Punct wird vollen-
kommentl: ohne einige
exception accordiret.

25. Die im Lande befindl: Gerichts Persohnen, durchgehends insgemein, und insonderheit, müszen
von Niemanden Ihres geführten Amts
wegen, und was sie wieder jemanden,
er sey wes Standes Condition oder
Herkommen er wolle, geurtheilet oder
verhänget haben möchten, weder mit
Worten beschuldiget, noch desfals
zur Verantwortung gezogen, vielweniger Thätl: angegriffen, noch ihnen
weniges Leid Gewalt und Unrecht
zugefüget werden.

Der 25ste Punct.
Dieser Punct wird ohne
exception concediret.

26. So wie E: E: Ritterschafft und Landschafft und denen darunter befindl: Militair und Civil-Bedienten sich ihrer hier in dieser Stadt Pernau befindl. Häuszer wegen alle competirende jura beneficia und immunitaeten vorangeführter maszen saluiret, und dabey Kräfftigst mainteniret zu werden gesuchet, so verhoffet man auch dasz dieselbe darin und in ihren Eigenthümern auf keinerley Art werden turbiret, viel weniger darin geplündert, weder heiml: noch öffentlich bezwacket, sondern ihre Haabseligkeit nicht allein von hier aus der Stadt sondern auch von andern Orten im Lande zusammen zu suchen nebst denen wieder besorglichen Streiffereyen auf dem Insul und sonsten wohin salvirten Pferden und Vieh zusammen zu ziehen und nach ihren Güthern wieder heim zu bringen nicht nur unbeschränckte Freyheit haben, und die dazu benöthigte Päsze und salveguarden auf Anhalten mit getheilet, sondern auch Dero Pferden und Vieh, von denen so ihnen selbige in zeit Dero retirade hieher entwand haben, werden restituiret werden.

27. Nicht weniger hat E. E. Rath und die gesamte ehrbare Bürgerschafft dieser Stadt Pernau, aufs nachdrücklichste auszudingen, sich angelegen sein laszen wollen, dasz nicht nur die unverenderl: Augsburgische Confession und darauf fundirte Lutherische Religion in vollen Stande bey der von undenckl: .... [3]) Ubungen in der Kirchen dieser Stadt verbleiben soll, sondern, dasz das in vorigen Zeiten gewesenen Consistorium ratihabiret, die Prediger und Schulen bey ihrer bisherigen Lehr und Ceremonien in formation und Einkommen, so wie sie sie von alters her von E. E. Rath gewehlet, und darauf ordiniret

Der 26te Punct. Nachdem dieser Punct der billigkeit gemäsz ist, also wird er auch in so weit völligst accordiret, als man davon excipiret, dasz dasjenige was vor der Belagerung als eine feindl: Beute damahls genommen worden, nicht vollenkommen restituiret werden kan, jedoch versichern Ihro Excellence der Herr General-Lieutenant auch darinnen denen Schadenleidenden so viel mögl: an die Hand zu geben, dasz sie zum wenigsten zu dasienige was kurtz vor der Belagerung genommen worden, gelangen können.

Der 27te Punct. Dieser Punct wird in allem völligst concediret.

---

*) Hier fehlt einiges, etwa: „Zeiten her gebräuchlichen" oder dgl.

worden, beybehalten und bey ihrem Einkommen conserviret werden mögen.

28. Dasz die Stadt Pernau auch bey ihren Patrimoniall-Güthern, Einkunfften, Privilegien, juris patronatus, Gerichtbarkeiten, Gewohnheiten, und dergleichen mehre wie dieselbe solches von Alters her tam in genere quam in specie gehabt, erhalten, geschützet und gehandhabet werden möge.

29. Dasz auch dieser Stadt Magistrat sowohl in Policey als Justietz Sachen, nebst ihren Bedienten bey ihren Aemtern, Würden, Verrichtungen, Rechten, Raths-Wahl und Salariis unveränderl: verbleiben, ingleichen auch andere Stände, Aemtern und Stiftungen, so geistl: als weltl: in und bey der Stadt, in ihren Wesen und unter der bisherigen Stats Jurisdiction verbleiben und beybehalten werden mögen.

30. Alle Obligationes, Acten, Dispositiones und Schulden so activ als passiv sollen zur Beybehaltung publiquen Credits, in ihrer völligen Kraft und Würckung verbleiben, wie dann diejenige aus der Stadt welche entweder auf Königl: oder Adel: Güther wegen eines Vorschuszes, es sey an Gelde, Getreyde oder andern Perseelen einiges Pfand haben und durch würckl: Immission darin gerathen, nicht ehe die Güther bis sie ihre völlige Vergnügung nebst angewachsenen Interessen erhalten, zu quittiren oder abzutreten schuldig seyn, danebst aber doch die hier befindl: Collegia und Gesellschafften der Stadt, aller Bürger und Einwohner derselben, wie vor Alters her, bey ihren Güthern, Häuszern und Privilegien, Rech-

Der 28te Punct.
Ob man gleich E. E. Rath und Bürgerschaft der Stadt Pernau auf den Fusz nehmen könte, als sie unter Königl: Schwedischer Regierungs Disposition gestanden: So wird ihnen dennoch nichtsdestoweniger reserviret, von denen publicirten universalien so wohl zu profitiren, als es einer Wohlgeb: Ritterschafft versprochen.

Der 29te Punct.
Dieser Punct wird in allen vollenkommen accordiret.

Der 30te Punct.
Dieser Punct wird laut der Riegischen Capitulation in allen richtig zugestanden, nur weilen man in gewiszen fällen nicht absehen kan, wie Ihro Grosz Czaarische Maytt. zur Bezahlung Ihro Königl: Maytt. von Schweden Schulden könten obligiret werden, wird ihnen frey gelaszen, deszfals Ihro Grosz Czaarische Maytt. Gnade selbst zu imploriren.

ten und Chargen, und Besitz beydes
in und auszerhalb der Stadt und auf
dem Lande mainteniret und ungekräncket geschützet werden mögen.

31. So sollen auch weder in der
Stadt noch in derselbigen Gebiethe
einige Richter oder Rechte, als bishero gewesen, eingeführet, noch bey
der Cancelley oder Correspondence
einige andern mehr als die bisher ge-
brauchte deutsche sprache introduciret werden, und dasz die Bürgerschaft bey allen ihren gehörigen Gerechtigkeiten, wie vormahl gehandhabet, und die Commercien dieser Stadt
so viel möglichst befördert und begnadiget, ingleichen Ihro Grosz Czaarische Maytt. die Stadt mit einem
der Teutschen sprache wohl kundi-
gen Herrn Commendanten gnädigst
zu versehen, anersuchet werden
möge, damit allewegen einer unbe-
kanten Sprache besorgl: Irrungen und
Unterlegenheiten verhütet werden
können.

Der 31te Punct.
Wird völlig gestanden und
accordiret.

32. Weil dieser Stadt Bürgerschaft, solange sie unter Königl.
Bothmäszigkeit gestanden, die Freyheit des Sund-Zolles genoszen, wollen Ihro Grosz Czaarische Maytt. [sich
gnädigst belieben laszen sie bey Ihro
Königl. Maytt.] [4]) von Dännemarck
dabey zu erhalten, und dasz die Mittel und Einkunffte dieser Stadt nicht
sollen geringert und geändert, sondern beybehalten, und so mügl: zu
publiquen ausgaben und Behuef ver-
mehret werden.

Der 32te Punct.
Ihro Grosz Czaarische
Maytt. werden nicht unterlaszen, sich aufs beste vor
die Stadt bey Ihro Königl:
Maytt. von Daennemarck
zu interessiren.

33. Alle Glocken, die Orgeln
und Krohnen in der Kirchen, Gold,
Silber, Kupfer, Meszing, Zinn, Bley
und was mehr an Metall so publique
als privat, so in der Stadt sein mag,
wird denen Eignern, sie sein Edel-
Leute vom Lande oder Bürger bey

Der 33te Punct.
Dieser Punct wird vollen-
kommend consentiret.

---

4) Fehlt im Texte und ist aus der Capitulation der Stadt Reval § 15 ergänzt.

der Stadt, ohne abkürtzung und ohne einigen Auflage gelaszen.

34. Die von fremden Orten her sind, und sich hier aufhalten, in zeit der letzten Ubergabe von Dorpat, sich von dannen und andern kleinen Städten, wie auch flecken hieher begeben, ungeachtet sie keine Bürger geworden, werden in Ihro Grosz Czaarische Maytt. Schutz aufgenommen.

Der 34te Punct. Dieser Punct wird gleichfals consentiret.

35. Allen diejenigen so hier zu bleiben keine inclination haben möchten, wird innerhalb Jahr und Tag sich nebst ihren familien und Gütkern (:maszen ihnen ihre immobilia zu veräuszern frey stehet:) nach auswertigen Orten wohin es auch wolle wegzubegeben frey gelaszen, dahingegen welche sich jetziger zeit in der fremde, in oder auszerhalb von Schweden aufhalten, die Freyheit haben sollen, innerhalb 1 Jahr und 6 Wochen sich hier wieder einzufinden und dasz ihrige an diesen Orten ungehindert zu besitzen, da sie aber nicht anhero zu kommen gedachten, eine anderweitige Disposition, frey wegbringen zu laszen, benöthiget sein sollen.[3)

36. Auf obige Puncten sollen nun alle Beleydigung, welche vor und unter werender Blocquade sowohl als auch sonsten vorhin von wem es wolle vorgegangen seyn, hiemit ein vor allemahl gehoben, vergeben und vergeszen, dieser Stadt Pernau und der Einwohner, auch sich hier aufhaltende oder eingeflichtete Einheimischen und Fremden mit allen ihren Guthe, vor allen Plünderung, Brandschatz und Krieges Steuer befreyet und hingegen in Ihro Grosz Czaurischen Maytt. Schutz vollenkommen auf und angenommen seyn, auch die zur Stadt gehörige weggebrachte Ge-

Der 36te Punct. Dieser Punct wird vollenkommentl: placediret.

5) In den letzten Zeilen scheinen einige Worte zu fehlen. Auch fehlt die Replique, die indessen (vgl. Cap. der Stadt Reval § 20. 21.) wohl zustimmend gewesen sein wird.

fangene, ohne einigen rantion wieder auf freyen Fusz hieher gestellet werden.

37. Wann auch nach diesem der einer oder der andere, wieder seine schuldigkeit, Treue und Ihro Grosz Czaarische Maytt. Hoheit sich verbrechen solte, mögen diese Puncta dadurch nicht gebrochen noch gehoben, vielweniger selbigen praejudiciret seyn, sondern der verbrecher alleine soll davor nach allgemeinen Rechten vorgenommen, sodann abgestrafet werden.

Der 37ste Punct.
Hierüber hat man sich vorhero expliciret.

38. So wird auch von seiten Ihro Grosz Czaarischen Maytt. die Versicherung ausdrücklich begehret, dasz diese Übergabe der Vestung und Stadt Ihro Königl: Maytt. von Schweden meinen allergnädigsten Könige und Herrn in Dero hohen Rechte, praetensionen, und Königl: praerogativen in keinen Stücke praejudiciren oder nachtheilig sein mögen, wie auch wann durch einen erfolgenden frieden, diese Stadt und Vestung unter J: K: M: von Schweden Devotion wieder gelangen sollte, dasz alles so anjetzo nach denen Inventariis hier gelaszen werden müszen, vollenkommentl: restituiret werden mögen.

Der 38. Punct.
Dieser Punct kan beyderseits hohen Monarchen bei künftig erfolgenden frieden, und deszen Tractaten ledigl: überlaszen werden.

39. Hieneben müszen auch diesen Accord gemäsz, alle und jede, sowohl Militair als Civil-Bediente, Edel-Leute als Bürger bey ihren Verbleib in der Stadt oder beliebigen Ab- und Zureisen von allerley Ueberfall und Gewalt derer Trouppen von Ihro Grosz Czaarischen Maytt. und Dero Alliirten so gäntzl: gesichert seyn, dasz ihnen auf nirgend einigerley weise keinen incommoditaet, Behinderung und Verdrusz, sowoll für ihre Personen als mit folgenden oder an ihren Haabseligkeiten zugefüget, sondern durch Anordnungen des Herrn General Lieut: alle disordre bey allen Dero regulair und

Der 39te Punct.
Dieser Punct wird in allen concendiret.

Irregulirten Trouppen gehemmet und gesteuret werden.

40. So praecavire und bedinge auch das allernachdrücklichste und Kräfftigste, dasz alles dasjenige so anjetzo hierin accordiret worden, punctuel und richtig soll gehalten und aus keinerley Ursachen, einen oder andern J: K: M: Bedienten, wie sie Nahmen haben, er sey auch wer es wolle, einiger Schwierigkeit, vielweniger einiger Chicanterey weder von vorigen noch jetziger zeit hergenommen, von jemand moviret werden soll oder möge.

Der 40te Punct. Accordatur.

41. Wird ebenfals accordiret, dasz nach Unterschrift dieser Capitulation den Herrn Obristen und Commendanten frey stehen solle, alsofort einen Ober-Officier nach Stockholm, um von diesen allen Nachricht einzubringen, abzusenden, und [dasz] derselbe von Ihro Grosz Czaarischen Maytt. Seiten vor sich und deszen Equipage nicht allein mit gnügl: proviant, sondern auch verlangter Pass vor ihme und seine Equipage versehen werden soll.

Der 41ste Punct. Es wird zugestanden dasz der Wohlgeb: Herr Obrister und Commendant ein Ober-Officier, nach seinen Belieben, so bald unsere Trouppen in der Stadt einrücken, nach Stockholm abschicken, welcher alle Securitaet vollenkommentlich in Effect geleistet werden möge.

Alle diese obangeführte Puncta, wie sie in gegenwärtiger Capitulation, von mir accordiret und eingegangen worden, versichre auch festiglich, dasz dieselbe in allen und jeden Punctis et Paragraphis sine ulla Exceptione, unverbrüchlich gehalten, auch Ihro Grosz Czaarischen Maytt. selber allergnädigst zu ratihabiren geruhen werden. Zu welchem Ende zwey gleichlautende Exemplaria aufgerichtet und von beyden Theilen eigenhändig unterschrieben, und besiegelt worden. Gegeben im Feldtlager unter Pernau den 12ten Augustii Ao. 1710.

Ihro Grosz Czaarischen Maytt. meines allergnädigsten Herrn bestalter General-Lieutenant von der Cavallerie, Ritter des Weisen Adler-Orden und Obrister über das löbl: Kiowsche Dragouner Regiement.

Rudolph Felix Bauer.
(L. S.)

J. H. v. Schwengeln.
Obrister und Commendant.
(L. S.)

Dasz diese Accords-Puncta mit ihren Originall in allen Puncten, Articulis et Paragraphis von Wort zu Wort concordiren, attestire hiemit. Gegeben Pernau den 16. Augustii Ao. 1710.

J: Nestler.
Ober Auditeur.

II.

Huldigungsrevers

der Eingesessenen des Pernauschen und Dorpatschen Kreises

vom 15 August 1710.

Nach der im Ritterschafts-Archive zu Reval befindlichen gleich-
zeitigen Abschrift. — Ungedruckt.

Nachdem Wir Untengesagte Eddelleute Priester vnd Land Leute
vom Pernau- vnd Dorptischen Creysze vermüge der mit der Stadt
vnd Vestung Pernau veraccordirten Capitulation durch Ihro Excellence den Herrn General-Lieutenant Bauer Ihro Grosz Czaarischen Maytt. allergnädigsten Declaration erhalten, dasz ein jeder
welcher sich dero hohen Schutzes theilhafft machen, vnd dieselbe
vor Ihre hohe Obrigkeit agnosciren will, die Freyheit haben soll,
seine Güter, Höffe vnd Häuszer iu vorigen Possess zu nehmen;
als reversiren wir uns hierdurch, dasz wir insgesamt ad normam
der von E. Wohlgeb. Ritter- vnd Landschafft Ihro Grosz Czaarischen Maytt. in Riga praestirten Huldigung, nunmehro dieselbe
nicht allein vor unsere rechtmäszige Obrigkeit erkennen, sondern auch in keinem einigen Fall, so wieder Dero hohes Interesse
lauffen möchte, es sey in wircklicher Thätigkeit oder sub quo-
cunque praetextu angenommenen Rechts, entgegen seyn wollen,
welches alles wir hierdurch an Eydes statt versprechen vnd mit
unser Unterschrifft bekräfftigen. Gegeben Pernau d. 15 Aug. 1710. *)

III.

Die Artikel 9. 10. 11. 12. des Nystädter Friedens

vom 30 August 1721.

Nach der von „P a u c k e r, Wrangell's Chronik von Ehstland
S. 219—234" herausgegebenen schwedischen Ausfertigung des Ver-
trages. Vgl. „S c h i r r e n, Die Capitulationen der livländischen
Ritter- und Landschaft und der Stadt Riga S. 115—117."

IX.

Seine Czaarisch: Majestät versprechen daneben, dasz die
sämbtliche Einwohner, der Provintien Lieff- und Ehstland, wie
auch Oesel, adeliche und unadeliche, und die in selbigen Provintien befindliche Städte, Magistraten, Gilden und Zünffte, bey ihren unter der Schwedischen Regierung gehabten Privilegien, Gewohnheiten, Rechten und Gerechtigkeiten beständig und unverrückt conserviret, gehandhabet und geschützet werden sollen.

X.

Es soll auch in solchen cedirten Ländern kein Gewissens-
Zwang eingeführet, sondern vielmehr die Evangelische Religion,
auch Kirchen und Schulwesen, und was dem anhängig ist, auff
dem Fusz, wie es unter der letzteren Schwedischen Regierung
gewesen, gelassen und beybehalten werden; Jedoch, dasz in sel-
bigem die Griechische Religion hinführo ebenfals frey und ohn-
gehindert exerciret werden könne und möge.

XI.

Als auch die unter voriger Königl: Schwedischen Regierung,
in Lieff- und Ehstland, und auff Oesel ins werck gestellete reduction und liquidation zu vielfältigen Beschwerden derer Unterthanen, oder eingesessenen Anleitung gegeben, wodurch dann
seine in Gott ruhende Königl: Majestät zu Schweden glorwürdigsten Andenckens, sowohl, als in Ansehen der Sachen Billichkeit
bewogen worden, mittelst eines im Jahr 1700 den 13ten Aprillis
durch öffentlichen Druck bekandt gemachten Patents die Versicherung von sich zugeben, dasz im fall einige von ihren Unterthanen mit gewissen Beweiszthümern darthun könten, dasz Güther, welche ihnen zu gehörig möchten seyn, eingezogen worden,
ihnen ihr Recht unbenommen seyn sollte, Zufolge dessen auch
unterschiedliche besagter Unterthanen in dem Besitz ihrer vori-

gen durch erwehnte reduction oder andern Vorwand ihnen abgesprochenen, eingezogenen, oder sequestrirten Güter wieder zurück getretten sind; Als versprechen auch Ihro Czaarisch: Majestät hiemit, dasz einjeder er mag intrà, oder extrà territorium sich auffhalten, der in diesem Fall eine billige Ansprache oder Forderung auf Land-Güter in Lief- Ehstland und der Provintz Oesel hat, und selbige gehöriger Massen beweisen und darthun kan, sein Recht ohnweigerlich geniessen, und durch ungesäumte Untersuchung und Erörterung solcher ihrer Ansprache, und Förderungen zum Besitz des ihnen rechtmässig gehörenden Gutes wieder gelangen soll.

XII.

Ingleichen sollen krafft der in dem vorhergehenden 2ten Articul verabredeten, und fest gestelleten Amnestie die in Lief- und Ehstland, auch der Provintz Oesel wegen des bishero gewesenen Krieges, und das die Proprietary an der Königl: Schwedischen Seite geblieben, etwa eingezogene, andern verliehene, oder auch confiscirte Güter, Ländereyen, noch nicht expirirte Arrenden, und Häuser in denen zu diesen Provintien gehörenden Städten, wie auch in Narva, und Wiburg, sie mögen vor dem Kriege jemand zugehöret haben, oder unter dem Kriege einem entweder durch Erbschafft, oder sonsten zugefallen seyn, ohne einige Ausznahme und restriction ihren rechtmässigen Eigenthümern, dieselbe mögen nun jetzo in Schweden, oder in der Gefangenschafft oder auch sonsten irgendwo sich befinden und auffhalten, nachdem einjeder bey dem General-Gouvernement mittelst Vorzeigung seiner Beweisthümer, Brieffschafften und Urkunden sich vorgängig gebührend dazu legitimiret haben wird, ohnweigerlich und ohne Auffschub gleich wieder gegeben und eingeräumet werden. Es können aber solche Eigenthümer wegen der ausz denen Gütern wärendem Kriege, und nach geschehener confiscation gehobenen Einkünfften, und des durch den Krieg und sonsten etwa verursachten Schadens nicht das geringste fodern noch praetendiren; Und sind diejenige, welche solchergestalt wieder zu dem Besitz der ihnen gehörigen Güter gelangen, verbunden, bey Antrettung des Besitzes Ihro Czaarisch: Majestät alsz Dero nunmehrigen Landes Herrn zu huldigen, und sich im übrigen gegen dieselbe alsz es treuen vasallen oblieget und gebühret, zu betragen und auffzuführen. Dahingegen es ihnen, wenn sie den gewöhnlichen Huldigungs Eyd abgeleget, ohnweigerlich erlaubet und zugelassen seyn soll ausz dem Lande zu reisen, sich in frembden mit dem Reussischen Reich in Verbündnisz, und Freundschafft stehenden Ländern auffzuhalten, auch bey neutrale puissances sich in Diensten zu engagiren oder da sie schon darin stehen, nach eigenem Gutfinden ferner darin zu verharren. Denenjenigen aber, welche Seine Czaarisch: Majestät gar nicht huldigen wollen, wird hiemit eine Zeit von drey Jahren von publicirung des Friedens anzurechnen vergönnet, und zugestanden um innerhalb solcher Frist, ihre Güter und Eigenthum bester Gelegenheit und eigenes Gefallens nach zu veräussern und zu verkauffen, ohne ein mehreres davon abzutragen, als sie nach denen Landes statutis schuldig und verbunden seyn können. Solte auch inskünfftige nach denen Landes-Rechten jemandem, der nicht gehuldiget hat, eine Erbschafft zufallen, so soll derselbe ebenfalsz gehalten seyn bey Antrettung der ihm angestorbenen Erbschafft Seine Czaarisch: Majest: zu huldigen, und den Eyd der treue abzustatten, oder auch alsz dann Freyheit haben, innerhalb Jahr, und Tag solche Güter zu verkauffen. Gleichergestalt sollen auch diejenige von beyden hohen paciscirenden Theile Unterthanen, welche auff einige publique in Lieff- und Ehstland, auch auff Oesel liegende Land-Güter Gelder vorgeschossen, und darauff ihre richtige Pfand contracte erhalten haben, nach Inhalt dieser contracten ihre hypothequen so lange ruhig und sicher geniessen, bisz sie vollenkommen, ihren in Händen habenden Verschreibungeu Gemäsz ausgelöset, und vor capital und Zinsen völlig vergnüget worden. Jedoch sollen solche Pfandhaltere vor die wärendem Kriege geflossene, und etwa nicht gehobene Zinsen nichts anrechnen noch praetendiren können. Es sollen aber diejenige welche so wohl in diesen alsz vorhergehenden Fällen die administration solcher Güter verrichten, Seine Czaarisch: Majestät zu huldigen, und Deroselben würkliche Unterthauen zu seyn schuldig und gehalten seyn. Alles dieses verstehet sich auch von denenjenigen, welche unter Seiner Czaarisch: Majestät Botmässigkeit verbleiben, alsz welche mit ihren etwa in Schweden, und denen durch diesen Frieden dem Reiche Schweden verbleibenden Ländern habenden Gütern, und Eigenthum auff eben solche Ahrt zu verfahren völlige Macht und Freyheit haben sollen. Es sollen auch sonsten beyder hoher paciscirender Theile Unterthanen, welche in des einen, oder andern Theils Landen einige rechtmässige Forderungen und praetensiones, es sey an das publicum, oder particuliere Persohnen haben, bey selbigen allerdings gehandhabet und geschützet werden. Und wollen beyde hohe paciscirende Theile daran seyn, dasz ihnen in gedachten ihren Forderungen und Ansuchen prompte und gleiche justice wiederfahren, und also ein jeder ohngesäumt wieder zu das seinige gelangen möge.

IV.

Zarische Ratification

des Nystädter Friedens vom 9. September 1721.

Nach Schirren a. a. O. S. 117.

Als haben Wir diesen ewigen Frieden in allen seinen Artikeln, Puncten und Clausuln mit dem dazu gehörigen Separat-Articul, so als sie von Wort zu Wort hier inseriret und eingeführet sind, acceptiret, confirmiret und ratificiret. Wie Wir dann selbige auf das allerbündigste, als solches immer geschehen kan, hiemit acceptiren, approbiren, confirmiren und ratificiren, und versprechen bei Unserm Czaarischen Worte für Uns, Unsere Successores und Nachkommen an dem Russischen Reiche, dass Wir alles und jedes, was in vorhergehendem ewigen Friedens-Schluss und in allen desselben Articuln, Puncten und Clausuln und in dem Separat-Articul enthalten und begriffen ist, fest, unwidersprechlich, heilig und unzerbrüchlich zu ewigen Zeiten halten und erfüllen, auch keinesweges gestatten wollen, dass demselben in einigen Stücken durch Uns oder die Unserige zuwider gelebt werden möge. Urkundlich dessen haben Wir dieses eigenhändig unterschrieben und mit Unserm grössern Reichs-Insiegel besieglen lassen. Gegeben St. Petersburg den 9. Septembris des eintausend siebenhundert und ein und zwantzigsten Jahrs, Unserer Regierung im viertzigsten Jahr.

Peter.

Graf Golofkin.

Dass gegenwärtiges Teutsches dem Reussischen Original in allem conform, solches wird von mir hiermit auf hohen Befehl affirmiret.

Peter Freyherr v. Schaflrof.

als Ihro Czaarischen Majest. würcklicher geheimder Rath, und Vice-Cantzlar.

.